捧 读

触及身心的阅读

图书在版编目（CIP）数据

写在诗页空白处 / 路也著. -- 北京 : 中国友谊出版公司, 2022.4

ISBN 978-7-5057-5453-9

Ⅰ. ①写… Ⅱ. ①路… Ⅲ. ①读书笔记－中国－现代 Ⅳ. ①G792

中国版本图书馆CIP数据核字(2022)第058346号

书名	**写在诗页空白处**
作者	路也
出版	中国友谊出版公司
发行	中国友谊出版公司
经销	新华书店
印刷	天津创先河普业印刷有限公司
规格	787×1092毫米　32开
	9 印张　157千字
版次	2022年4月第1版
印次	2022年4月第1次印刷
书号	ISBN 978-7-5057-5453-9
定价	68.00元
地址	北京市朝阳区西坝河南里17号楼
邮编	100028
电话	（010）64678009

写在诗页空白处

路也 著

中国友谊出版公司

目 录

‖ 写在前面

这本书，总共收录了我的十篇读书笔记。每篇都在一万字以上，有些篇目的字数则超过了两万。

我阅读的重心，基本上都是现代诗歌，并以20世纪以来的诗人为主体。

每一篇笔记的标题之中，都出现了我阅读的某个诗人的名字，但这个诗人并不是这篇笔记里谈论的唯一诗人。其实标题诗人只是一个线索，文中由这个线索诗人开始，以发散式思维或逻辑关联的方式，牵引出来好几位诗人和作家，涉及古今中外。一般情况下，平均每一篇笔记里面会出现四五位诗人或作家。仅从本书的目录上看，我或明或隐地提到了十二位诗人，而实际上，全书文章内谈到了五十多位诗人和作家。

关于本书的目录编排，我首先考虑了诗人使用的语种，其次考虑了诗人大致生活年代的先后顺序。

我是一个教书匠。平时上课，我给学生教授的内容也会涉及这本书中所谈及的一些诗人和作家。然而，这些笔记并不是教案，它也许算作写在教案边上的一些备注和眉批吧，当然要比教案更生动、更有趣。

这本书里的文字，确切地说，是我多年以来阅读诗歌时一些灵光乍现的想法。我把它们随手记录下来，有意或无意地积累着，然后又找到一个相对集中的时间，将它们整理成了一篇篇完整的长文。

我认为，把诗歌排版出来以后，诗页上存在的那块空白是非常重要的。诗页上的空白，是诗歌内容必不可少的一部分。它既属于诗人，也属于这首诗本身，甚至还属于读它的读者。诗页的空白仿佛诗人、诗歌、读者的共同的呼吸。读者要带着个人的生命经验进入诗人的生命经验，进入一首诗。在这首诗的内部，读者用自己的身体、大脑、心窍、灵魂、神经系统甚至神经末梢，去填补这些诗页的空白……其实，这就是读诗的过程。

现在，我把读诗过程中产生的随意而随性的想法，随手写在了这些诗页的空白处。

但愿我的这些附着在诗页空白处的自由自在的想法，能够跟我所谈论的那些诗歌一样，在茫茫人海中找到最懂它们的读者——如果与我心有戚戚，如果还能表示"英雄所见略同"，那是最好不过的。

此刻，跟所有写作者一样，我有一个妄想——愿我写下的这些文字能在时间里留下一丝痕迹，不管是所谈论的诗人和诗歌的缘故，还是我自身的那些所思所想的缘故。我希望我的文字成为什么呢？不管恰当与否，也无关谦逊与骄傲，请允许我在这里套用一下布罗茨基之语："永不褪色的诗歌墨水。"

更多的话，我想说的话，都在这本书里了。

亲爱的读者，当你打开这本书的那一刻，我们已经是朋友了。

2021 年 4 月 12 日

弗罗斯特亲自收割

在读到弗罗斯特的《割草》和《最后一次割草》之前，我已经读过一些关于收割的诗了，不管用镰刀还是用其他什么刀来割，不管收割的是什么植物。

我最早能背诵下来的诗句不是"鹅，鹅，鹅"，不是"举头望明月"，也不是"朝辞白帝彩云间"什么的。我今生背诵的第一首诗是白居易的《观刈麦》，我在上小学一年级之前就能将这首长诗全文流利地背诵。那时候我并不认识字，却被父亲揪着耳朵一句一句地重复着，将它硬背了下来。记得背诵此诗的缘起是这样的：为了预备上小学，我提前半年从乡下姥姥姥爷家返回父母所在的城镇。那时我已经成了一个野孩子，身上没有文明的痕迹——吃饭时嘴巴漏，每吃一餐，鸡在饭桌底下吃到的比我吃到的还多。父亲为了调教我，竟求助于"诗教"的伟大传统，打算用诗歌来教育我要珍惜粮食。但他用的不是《诗经》，而是白居易的诗。

我至今也想不明白，当年父亲为什么不教我更适合五六岁儿童诵读的"锄禾日当午，汗滴禾下土"，而是搜出这么一首佶屈聱牙的诗来让我背。"重写实，尚通俗"主张之下的这首诗，内容和立意当然是非常好懂的，不需要注释都能够让人明白。然而，诗中的汉字写法和词汇构成对于现代人，尤其对于不识字的小孩子来说，却一点儿也不浅显。今天，我仍然能够闭着眼睛像哼歌子一般将此诗急速而完整地背诵出来，但总要把其中的字词读错那么两三个或者一个。不识字而仅凭耳朵的听觉来理解和背诵，是不可能百分之百准确的，何况幼时的记忆力又太强大，难以抹掉，哪个地方读成了错别字，便将永远"错别"下去，终生"错别"下去。

　　　　田家少闲月，五月人倍忙。

　　　　夜来南风起，小麦覆陇黄。

　　　　妇姑荷箪食，童稚携壶浆。

　　　　相随饷田去，丁壮在南冈。

　　　　足蒸暑土气，背灼炎天光。

　　　　力尽不知热，但惜夏日长。

　　　　复有贫妇人，抱子在其旁。

　　　　右手秉遗穗，左臂悬敝筐。

　　　　听其相顾言，闻者为悲伤。

　　　　家田输税尽，拾此充饥肠。

今我何功德？曾不事农桑。

吏禄三百石，岁晏有余粮。

念此私自愧，尽日不能忘。

从总体上来看，白居易这首诗可算一首道德之诗。

这首诗不仅写收割，还写了与收割紧密相连的拾穗。

这首诗的前面一小部分，还颇洋溢了一丝丰收的欢乐喜庆气息："夜来南风起，小麦覆陇黄。妇姑荷箪食，童稚携壶浆。相随饷田去，丁壮在南冈。"节奏不可谓不欢快。当读者误以为即将进入"农家乐"的时候，诗人却及时刹了车，拐了弯，气氛忽然变得凝重起来——他开始描写脚踩热土、头顶烈日下苦力的割麦人的不容易："足蒸暑土气，背灼炎天光。力尽不知热，但惜夏日长。"再往下，气氛愈发严峻起来，出现了比下苦力的割麦人更不如的人——那为了缴租纳税而被迫卖掉田地的赤贫的人，那为了充饥不得不抱着幼儿、拎着破篮子到田里来的拾穗人："复有贫妇人，抱子在其旁。右手秉遗穗，左臂悬敝筐。听其相顾言，闻者为悲伤。家田输税尽，拾此充饥肠。"这是一幅中国版的《拾穗者》，但相较于米勒那幅画中的明快柔和，这幅中国版的画面则明显是阴郁的。

当诗人描写完收割者和拾穗者，接下来立刻以反问句起始，引出了反躬自省，作为诗的最后几句："今我何功德？曾不事农桑。吏禄三百石，岁晏有余粮。念此私自愧，尽日不能忘。"——"现在我有什么功劳有什么德行啊，从来没有参加过任何农业生产劳动，一年却能领取相当于三百石米的薪俸，到了年底还有很多余粮。每当想到这些，我就从心底里感到愧疚，从早到晚都放不下。"这最后的几句，只差说自己是不劳而获的寄生虫了，简直相当于一份"检讨书"。我把此诗背得滚瓜烂熟，它直接影响了我后来对于"检讨书"的写作。从小到大，我记不清被要求向家长和学校递交了多少份检讨书，那简直成了我文学创作的练笔阶段。我很擅长写"检讨书"，甚至潜意识里还存着热衷。我不断地犯错误又不断地写检讨，能把检讨书写到"神啊，忧伤痛悔的心，你必不轻看"的高度和境界，于是最终总能赚来一个"虽然做错了，但认错态度很好"的谅解。后来我在不知不觉之中竟产生出了一种隐秘的想法：想怎么做就怎么做吧，做错了，大不了写份检讨书交上去，就行了呗。

相比于白居易的《观刈麦》重道德，我后来读到的李白的《鲁东门观刈蒲》，无疑是更重审美的。

鲁国寒事早，初霜刈渚蒲。

挥镰若转月，拂水生连珠。

此草最可珍，何必贵龙须？

织作玉床席，欣承清夜娱。

罗衣能再拂，不畏素尘芜。

李白这首诗作于居山东兖州时，写的是秋天他在自家门口观看到的当地农民收割香蒲草的情形。香蒲草大都生于河滩上，从茎秆里抽长出蜡烛形状的硬穗来。这种草可作观赏植物，其水下部分在剥去外层叶片之后露出的嫩芽就是现在农贸市场上常见的蒲菜，可以炒着吃，可以做菜汤，还可入中药，南方北方都有。另外，蒲苇的叶片很柔韧，可以拿来做编织之用，织成席子或床垫什么的；有些品种的蒲叶间抽出的蒲棒成熟后爆出的绒毛，还可以用来做枕芯。

"挥镰若转月，拂水生连珠。"这里"挥镰"和"拂水"的动作带来了美感，仿佛转动弯弯的月牙，仿佛从水面上溅起了一连串的珍珠。这样的动作如果一直重复，像不像在跳舞？如果一群人都在重复这样的动作，那么，那场面像不像人们在跳集体舞？那样的动作，即使不完全像跳舞，至少也接近了艺术体操，所以应该配上音乐吧，边歌边舞才是最好的。读者从这首诗里读不到像《观刈麦》所表现出来的那种体力劳动者的辛劳和悲惨。在李白这首诗里，劳动是光荣的，是高贵的，也是快乐的；从事体力劳动时人类的肢体活动里面还包含了艺术特征，有健康之美，有飘逸之美——这样的收割之事是颇有些浪漫色彩的。这样的劳动之美、劳动之趣，与此诗后面关于蒲苇编织成席之后使用过程的唯美描写及对其清洁特性的表述也是相符的："织作玉床席，欣承清夜娱。罗衣能再拂，不畏素尘芜。"

白居易和李白都做了收割行为的观众。一个看见了道德，导致反躬自省和检讨；另一个则看见了美，引发出关于品质清洁的联想。

陶渊明写过《庚戌岁九月中于西田获早稻》，标题里提及收稻，内文里也有那么一两行提及割稻之事，却完全没有写到劳动过程，也不知是谁在收割；全诗还是以议论和明志为主，多为文人感慨，而不是像白居易和李白这样以诗来涉及收割本身，写到了收割的关键环节和具体细节。当然，不管陶渊明写不写收割过程，我都相信，陶渊明有可能既是收割的观看者，同时也是收割的直接参与者。他肯定是下田劳动的，肯定也收割过庄稼，只是他写的这首诗实在还算不得一首收割之诗。

跟白居易和李白一样，华兹华斯也是一个收割行为的典型的观众，一个典型的旁观者。他写过一首《孤独的割麦女》，这首诗很著名。

> 看她，在田里独自一个，
> 那个苏格兰高原的少女！
> 独自在收割，独自在歌唱；
> 停住吧，或者悄悄走过去！

她独自割麦，又把它捆好，
唱着一支忧郁的曲调；
听啊！整个深邃的谷地
都有这一片歌声在洋溢。

从没有夜莺能够唱出
更美的音调来欢迎结队商，
疲倦了，到一个荫凉的去处，
就在阿拉伯沙漠的中央；
杜鹃鸟在春天叫得多动人，
也没有这样子荡人心魄，
尽管它惊破了远海的静悄，
响彻了赫伯里底斯群岛。

她唱的是什么，可有谁说得清？
哀怨的曲调里也许在流传
古老、不幸、悠久的事情，
还有长远以前的征战；
或者她唱的并不特殊，
只是今日的家常事故？
那些天然的丧忧、哀痛，
有过的，以后还会有的种种？

不管她唱的是什么题目，

她的歌好像会没完没了；

我看见她边唱边干活，

弯着腰，挥动她的镰刀——

我一动也不动，听了许久；

后来，当我上山的时候，

我把歌声还记在心上，

虽然早已听不见声响。

（卞之琳 译）

这首诗里有着非常明显的遥远之感。这种遥远之感，
既来自物理距离的远，也来自心理距离的远。面对一个
正在田里收割麦子的少女，诗人远远地观看，从传来的
远远的歌声里，引发出远远的想象和远远的猜测。待彻
底离开现场并去往别处之后，他已经走到远远的山上了，
却依然能感受到歌声在心上引起的那远远的回响。诗人
的思绪竟然能从苏格兰高原的麦地一下子延伸到阿拉伯
沙漠和赫伯里底斯群岛。从地理跨度上来讲，阿拉伯沙
漠当然是够遥远的了；赫伯里底斯群岛虽属苏格兰领土
范围，但群岛上的绝大多数地方都无人居住，在心理上
也给人僻远之感。诗人写出了这种遥远，这种遥远甚至
已经在诗中制造出了缥缈之感。这大概是音乐的时间特

征所带来的感受，同时也是代表时间的音乐在代表空间的高原山谷独特地形之中所形成的感受吧。

白居易《观刈麦》中写的收割之物是很实用的东西，是拿来果腹的——民以食为天。李白在《鲁东门观刈蒲》中所写的收割之物也具有实用价值，但并非性命攸关——李白不是写它的实用，而是写它实用之外的美感和品性。华兹华斯在《孤独的割麦女》里虽然具体地写了弯腰和挥动镰刀，写了割麦子和捆麦子，但诗中的麦子既不是实用的，也不是唯美的，而好像只是起到了一个道具的作用。如果将里面的道具换成其他类似的事物，似乎也不是不可以。《孤独的割麦女》这首诗里的歌声和歌者显然比麦子更为重要，诗人只是想通过剧场般的场景来写出一个劳动者的歌声和歌声中的命运感，以及由此引发的诗人对他人命运的共情。

这三个"观众"诗人——白居易关注收割行为、收割之物和收割者；李白呢，关注收割行为、收割之物，而不怎么关注收割者；华兹华斯则不太关注收割行为、收割之物，而全神贯注地关注着那收割者。这三个"诗人"观众，相对于田野里的收割者和拾穗者，白居易明显属于上层统治阶级；相对于那个边劳动边唱忧郁之歌的割麦女，华兹华斯显然属于有能力、有闲情进行审美活动的智识阶级；李白在这首写刈蒲草的诗中则几乎没有流露出阶级意识，"此草最可珍，何必贵龙须"也只是将收割的蒲草这种水生植物与其他同样有编织用途的水生植物进行合理化对比，完全不必将其牵强附会成诗人对普通民众及对朝廷的态度——如果非那样读不可，读诗的人和写诗的人就都太累了。

接下来终于读到了罗伯特·弗罗斯特的收割之诗。

弗罗斯特是一个亲自弯下腰身去收割的诗人，一个可以用诗歌来记录自己的收割行为和收割过程的劳动者。他不是一个观众诗人或诗人观众。这无疑是人类文明的进步，是教育民主化带来的直接结果。历史终于不再把"劳心者"和"劳力者"刻意区分，而是渐趋将二者合为一体。

由于弗罗斯特在诗歌形式上表现出均衡感、工整感及诗律的协调感，还有诗句之间像使用了榫卯一样达成的内在逻辑上前后里外的暗合，当然还有内容上的清教徒气质……这些结合在一起，都使我产生出"这个诗人曾经干过木匠"的印象。他确实做过很多种职业，上过哈佛大学，养过鸡，做过鞋匠、纺织工人、教师和农场主，可是他会做木匠活吗？读他的诗，我觉得他八成是会的。

弗罗斯特写过《割草》，还写过一首《最后一次割草》，两首诗中实施割草行为的都是诗人本人。而最为明显地表示诗人亲自上阵做出割草动作的诗，则是《割草》这一首：

　　静悄悄的树林边只有一个声音，

那是我的长柄镰在对大地低吟。

它在说些什么？我也不甚知晓；

也许在诉说烈日当空酷热难耐，

也许在诉说这周围过于安静——

这也是它低声悄语说话的缘由。

它不梦想得到不劳而获的礼物，

也不稀罕仙女精灵施舍的黄金；

因凡事超过真实便显得不正常，

就连割倒垄垄干草的诚挚的爱，

也并非没有割掉些娇嫩的花穗，

并非没有惊动一条绿莹莹的蛇。

真实乃劳动所知晓的最甜蜜的梦。

我的镰刀低吟，留下堆垛的干草。

（曹明伦 译）

　　毫无疑问，弗罗斯特从华兹华斯那里学来了用贴近普通人群的语言摹写日常生活，他还从勃朗宁那里借鉴了戏剧独白和对话；向维吉尔学习过牧歌写法；在叙述方式上受过哈代的影响，当然也有叶芝的影子……但是，所有这些来自欧洲的东西在被弗罗斯特移去写美洲大陆上的新英格兰之后，都被美国化了，同时也被个人化了。甚至可以看出，弗罗斯特故意地跟欧洲田园诗划清界限了。这个划界限的动作当然还没有到天翻地覆慨而慷的地步，当然也没必要到那个地步。越是相似之中的不同，才越能引人注目，从那个阵营里来再杀一个回马枪，当然要比全盘否定以至于完全失去相似性、关联性更有批判意义。

就拿这首《割草》来说吧，毫无疑问，它正属于一首"杀回马枪"之作——这首诗简直像是在讽刺华兹华斯的那首《孤独的割麦女》。

从整体上来讲，这首《割草》好像在骄傲地说：你华兹华斯并不自己收割，你可能都不懂稼穑吧。你只是在旅游途中甩着手远远地观看别人收割，怪不得你主张贴近普通人的生活和语言，原来这普通人里面并不包括你自己。你从来没有觉得自己普通，你十分悠闲，带着优越感居高临下地观赏田园风光和收割者，透过别人的歌声去虚饰你自己没有从事过的农耕劳作，胡思乱想加上指手画脚地写成了一首田园诗。而我弗罗斯特跟你可不一样呢。看看吧，此时此刻我正弯下腰亲自用镰刀割草呢。我是一个真实的劳动者，我不像你那样隔着距离并使用"美颜镜头"去捕捉田园风光。我成不了旁观者，我自己就是这田园或农场中的一个组成部分，其实我就相当于你那首虚无缥缈的柔美之诗中的那个割麦女吧。可是割麦女没有读过书或者读的书很少，至少是写不了诗的吧。没有获得跟诗人一样的话语权，她无法将自己收割时的心情记录下来，只能由着像你华兹华斯这样的诗人替她代言，那代言究竟与她有多大关联就不好说了。而在这方面，我弗罗斯特跟那个割麦女又不一样了。我可以将自己正在进行的收割行为、我的收割对象和收割时的个人情绪统统写进诗里去。瞧瞧，就是我现在正在写的这一首《割草》啊。我在这首诗里既是诗人华兹华斯，同时又是孤独的割麦女。当然，我不是这两个人中的任何一个，我只是我自己——罗伯特·弗罗斯特，我是一个正宗的美国人。

从《割草》这首诗里的具体诗句之中，也可以非常明显地读出对华兹华斯《孤独的割麦女》的调侃的意味来。

在《割草》这首诗里，弗罗斯特一个人同时扮演了类似《孤独的割麦女》中的诗人华兹华斯和割麦女这两个角色，而《孤独的割麦女》里面的割麦女这一角色，则仿佛又跑到《割草》一诗里去，被分解成了"割草者"弗罗斯特和"歌唱者"长柄镰这两个角色。

华兹华斯一上来就这样写那个割麦女："看她，在田里独自一个，/那个苏格兰高原的少女！/独自在收割，独自在歌唱。"到了弗罗斯特这里，变成了"静悄悄的树林边只有一种声音，/那是我的长柄镰在对大地低吟"。割麦女的歌唱变成了长柄镰的低吟，割麦女是一个人在田野里独自歌唱，这长柄镰所在的静悄悄的树林边只有一种声音，这种声音正是镰刀在割草时发出来的，看来长柄镰也是在独自歌唱啊。割麦女对着苏格兰高原和谷地唱歌，长柄镰则对着大地唱歌。华兹华斯在听割麦女歌唱，而弗罗斯特在听自己手中的长柄镰歌唱。

华兹华斯猜测割麦女唱的内容："她唱的是什么，可有谁说得清？"到了弗罗斯特这里则演变成了"它在说些什么？我也不甚知晓"，这一句简直是在装腔作势并且耍呆卖萌啊。

华兹华斯自问之后又自答了割麦女歌中可能唱到的内容："哀怨的曲调里也许在流传／古老、不幸、悠久的事情，／还有长远以前的征战；／或者她唱的并不特殊，／只是今日的家常事故？／那些天然的丧忧、哀痛，／有过的，以后还会有的种种？"而到了弗罗斯特这里，从语气上来看简直成了对华兹华斯的戏仿——他也自问又自答，猜测那长柄镰的低吟到底说了些什么："也许在诉说烈日当空酷热难耐，／也许在诉说这周围过于安静——／这也是它低声悄语说话的缘由。"

作为智识阶层中的成员，华兹华斯们并未参加农业劳动，却隔空书写着他人的农业劳动。比如对这个永远无法跟自己平起平坐、谈诗论道的割麦女，华兹华斯拿她的生存行为来入诗，将其转化成审美行为。这样，诗人并没有去麦田里收割，却得到了来自麦田的礼物：诗歌。当然，华兹华斯在其他诗章里还写过不少田园中的美好之物。像仙女精灵之类，他在《致云雀》这首诗里写"要是我能有一副仙女的翅膀／我一定要飞到你身旁"；他还有一首诗，标题就叫《她是一个快乐的精灵》；在他那首无比著名的《咏水仙》里，"金黄的水仙遍地开放"……弗罗斯特在《割草》这首诗里，竟然替诗中那个疑似割麦女化身的长柄镰做担保，"它不梦想得到不劳而获的礼物，／也不稀罕仙女精灵施舍的黄金；／因凡事超过真实便显得不正常"。看看，弗罗斯特在这里已经等于指名道姓地批评了，几乎接近训话，甚至直接喊话"超过真实""不正常"——即使有说教之嫌，他也在所不惜了。当然，读到这里，感觉弗罗斯特并不只是针对华兹华斯的，难免还会使读者联想起叶芝，因为叶芝受爱尔兰凯尔特神话影响，有神秘主义倾向，其诗文中常常出现仙女和精灵。读到这里，我不禁也为叶芝捏了把汗。弗罗斯特自己深受爱默生超验主义自然观的影响，但他仍然认为"凡事超过真实便显得不正常"。这里的"真实"想必并不包括形而上学。弗罗斯特在这里确实是在喊话呢，一个美国诗人冲着欧洲文学传统喊话。

对于割麦女的歌声，华兹华斯极尽美化之能事，一会儿是超过了那在阿拉伯沙漠中央抚慰旅客的音调动听的夜莺，一会儿又是超过了那声音荡人心魄以至传到远海和群岛的杜鹃鸟。似乎是要针对华兹华斯这种过度的美化和温情，弗罗斯特直截了当地指出"就连割倒垄垄干草的诚挚的爱，／也并非没有割掉些娇嫩的花穗，／并非没有惊动一条绿莹莹的蛇"。看来弗罗斯特想站在一个真正与大自然密切接触的人类的角度，明明白白地告诉像华兹华斯那样热衷于对大自然进行"美颜"并弄出温情脉脉之态的田园诗人们：真实的大自然并不总是充满善意的，相反，还处处充满了危机和黑暗。

为什么弗罗斯特和华兹华斯们看到的大自然不一样？因为"真实乃劳动所知晓的最甜蜜的梦"。弗罗斯特在这里强调了"劳动"，只有真正劳动的人才知晓事物的秘密，这秘密就是真实，这真实就是真理。不得不说，弗罗斯特在他所承继的传统田园诗人面前，显示出了作为劳动者（尤其是体力劳动者）的优越感，其实这正是新大陆人跟旧大陆人（尤其是欧洲维多利亚时代田园诗人们）之间的大不同。

最后，华兹华斯形容那割麦女的歌声对他的影响——他走上山顶，什么也听不见，而那歌声依然留了下来。究竟是怎样留下来的呢？或者到底留下来了什么呢？诗人表示"虽然早已听不见声响"，但是"我把歌声还记在心上"，看来割麦女的歌声在诗人心中留下了莫须有的回响。诗人珍惜这"虽然早已听不见"的声响，而到弗罗斯特这里竟演变成了"我的镰刀低吟，留下堆垛的干草"，再联系前一句"真实乃劳动所知晓的最甜蜜的梦"，那么，好吧，你华兹华斯用那与你毫无关系的割麦者的虚无缥缈的歌声收获了留在你心中的并不真实的存在，而我弗罗斯特则用自己切身劳动时的长柄镰那等同于歌声的低吟收获了一个实实在在的干草垛……诗已至此，简直是在挑衅了。

怎能相信，弗罗斯特在写这首《割草》时，脑海里没有浮现出《孤独的割麦女》？

把《割草》和《孤独的割麦女》这两首诗放在一起来看，就仿佛在看弗罗斯特和华兹华斯这两个白羊座诗人正拉开架势顶角。当然，弗罗斯特是山羊，华兹华斯是绵羊。

能够亲自去收割的诗人，或者说，能够拥有收割的亲身经历的诗人，再或者说，能将自己的收割经历入诗的人，恕我视野尚不够开阔，除了弗罗斯特，似乎只有一个顾城。

1970年，顾城在随父母下放山东农村期间写过一首《割草谣》：

　　　　你用大锄，

　　　　我用小镰，

　　　　河滩上的草，

　　　　　　总是那么短。

　　　　小兔子，

　　　　急得挖地洞，

老肥猪，

馋得撞木栏，

　　草就那么短。

晒不干，

锅台光冒烟，

铺不厚，

母鸡不孵蛋，

　　草就那么短。

你拿大筐，

我拿小篮，

河滩上的草，

　　永远那么短！

　　这里的"你""我"可以是泛指，也就是写大家劳动场面的热闹。"我"不一定就是顾城——可以是顾城，也可以是任何人。但是，我要把这首诗看成写顾城本人割草的诗。诗里没有直接说是诗人在割草，可是里面分明渗透着那么多如此具体可感以至于他人不可替代的个人经验，没有亲自在农村割过草的人是写不出这首诗来的。况且，从这首诗之外去考察的话，还有顾城的同时期其他诗作和后来的回忆散文当佐证——他当时确实经常到家门口的潍河滩上去割草，割了草来，喂猪、喂兔子、喂鸡、垫鸡舍和当柴火。同一年，顾城还写过一首叫《割草归来》的诗，当然那不是写收割过程，而是写劳动之余的状态。顾城写这两首诗时，年龄应该不超过十四岁。写完这些割草诗的第二年，确切地说是在1971年夏天，同样是在潍河入海口处的河滩上割草放猪时，这个当时还不到十五岁的少年写下了他的成名作《生命幻想曲》。

这首《割草谣》读上去像青草那么稚嫩，也像青草那般鲜活，可是这只是表面，多读上两遍，就会发现这个少年当时已经学会了如何对个人经验进行处理、加工、提炼，然后入诗，而且表现手法已经算得上老道了。这首诗的谣曲之风冲淡了农村生活的暗淡和对命运的无奈，在不知不觉之中竟呈现出了某种欢欣和倔强。

还有其他诗人亲自收割并写过收割之诗吗？有待继续发现，或者已经有过的，请举手。

当代诗人江非有一首诗叫《收割机已经开到了眼前》，这当然也是一首跟收割有关的诗，挺有意思的：

> 收割机已经开到了眼前
>
> 这片熟透的麦子已经被推倒了一大片
>
> 这片熟透的麦子被全部推倒后
>
> 剩下的就会只有这片尚未吃饱的麦田

收割机已经开到了眼前

这片熟透的麦子已经被砍倒了一大片

这片熟透的麦子被全部砍倒后

剩下的麦穗就有几只等候已久的麻雀弯腰拾捡

就有麻雀成群地落在田埂上，干渠边

几株白杨高大的枝叶的后面

在那儿乐，在那儿看，在那儿

喊：收割机已经开到了眼前

啊，巨大的收割机已经开到了你的眼前

这首诗最大的特点在于其形式，而非内容。或者说，这首诗的形式就是它的内容，也可以说，它用形式来表达内容。

整首诗无论在语音、语义和语势上，都尽可能地体现出递进的原则。而语音、语义和语势的层层递进，跟收割机收获麦子这件事有着内在的联系。

每一个句子都很长，排了三个自然段。在视觉效果上，让人似乎看到大平原上的长长田垄，同时又仿佛看见被砍倒之后的麦捆，排列着堆放在了田埂上。

第一自然段的第二行和第三行是"这片熟透的麦子已经被推倒了一大片／这片熟透的麦子被全部推倒后"，而第二自然段的第二行和第三行是"这片熟透的麦子已经被砍倒了一大片/这片熟透的麦子被全部砍倒后",有什么不同吗？粗粗一看，这两行诗一模一样，没有丝毫改变地出现在第一自然段和第二自然段的相同位置上，都是两个自然段的第二行和第三行。猛地看上去，它们分别严严整整地排列在这两个自然段的中央位置，那模样真像两个麦捆啊！当然，再定睛细看，发现有两个字不尽相同：第一自然段里使用的那个"推"字，在第二自然段被改成了"砍"字。一字之差，或许只是为了故意制造内容上的差参之感，给麦捆一样完全相同的句式增添一丝活泼。当然，这里或许还有对内容上的考量——先被"推"再被"砍"，或许也与收割机这台机器的工作程序和工作步骤有关，也算是一种细节上的递进吧。

而全诗的核心句子则是"收割机已经开到了眼前"，这个句子既出现在全诗开头第一句，即第一自然段的第一句，又出现在第二自然段的第一句，还首尾呼应地出现在第三自然段的倒数第二句和倒数第一句，即全诗的最末两句。不考虑空行，全诗总共有十三行诗句，其中竟有四行是这同一个句子。这个句子前三次出现时都是没有变化的，最后一次出现时，在全诗末尾，增添了字数，句子加长了，变为"啊，巨大的收割机已经开到了你的眼前"。于是，这个句子就在这首诗中起着统帅或者乐队指挥的作用，或者说，这个句子其实就是那台收割机，那台收割机化身为一个句子藏身于一首诗中了。结果是在视觉和气氛上，都给读者造成一种收割机正在由远及近、越来越近、咔嚓咔嚓、轰轰隆隆、一边推倒砍倒麦子一边排山倒海地开过来、真的已经开了过来甚至已经挡在眼前的生理感受。

这首诗的第一自然段有四行诗，第二自然段有四行诗，第三自然段有五行诗，随着段落往后，行数有所增加。这样的排列，也会在语势上隐约产生出递进之感。

在这首诗中，如果一号主角是收割机，那么二号主角就是麻雀。当然，它们都不辨雌雄，诗人也没有赋予它们性别的打算，没法说成是女一号或者男二号。这场收割的观看者是麻雀，实际上是诗人让麻雀当了这个观看者。或者说，诗人把本来应该属于自己的观看位置让给了麻雀。那么，此时，诗人在哪里呢？他有不在场的证明，或者他又无处不在——他模仿了上帝视角，全知全能。诗人隐藏在这一场盛大收割的背后，或者正从空中观看这场盛大的收割。

这场收割如果有一个明确的视角存在，那就是麻雀的视角，一群麻雀正在观刈麦。在第一自然段和第二自然段，视角还是模糊的，可能是麻雀也可能不是麻雀在观看，可能是诗人或者上帝在观看，是上帝的可能性更合理些，总之视角非常不明确。麻雀在第一段尚未出场，在第二段出场了，但没有明确表示在观看收割。不过，到了第三自然段末了，也就是全诗的最后，就直接明确地表示出是从麻雀视角来观看这场收割的：诗中写一群麻雀"在那儿乐，在那儿看，在那儿／喊：收割机已经开到了眼前／啊，巨大的收割机已经开到了你的眼前"。麻雀对这场收割有见证作用，也有推动作用，让递进意味更明显了——麻雀在诗中似乎对那台收割机起到了牵引和加速的作用。

这首诗有着明显的押韵，也是为了用形式感来配合那台收割机收获麦子时的外在之形与内在之义。这些尾韵字分别是"前""片""田""捡""边""面""喊"，押"an"韵，是欣欣向荣的开口呼。我愿意把这押韵看作现代农业机械化的乐感和律动。

可以说，整首诗就是在使用诗歌的各种形式来全方位地模拟收割机在麦田里收获麦子这一情形，或者说这一内容。

总之，在这首诗中，诗人的位置是模糊的。对于这场盛大的收割，诗人既不是明显的观看者，也不是明显的正在劳作的收割者。在这里，读者只知道收割的客体是麦子，却很难看出谁正在收割。收割的主体很可能就是一台收割机，至于谁正在开动和操作那台收割机，似乎已经不太重要了。

江非作为一个机器时代的诗人，不让你看清楚他作为一个诗人在诗中扮演的角色，而是把一台巨大的收割机和一大群麻雀领到了前台，让它们来演完这出戏，进而完成这首诗。他已经跟白居易、李白、陶渊明、华兹华斯、弗罗斯特、顾城等诗人完全不一样了。

在这个时代，具体是谁在田里收割，是不是像弗罗斯特看重的那样要亲自去收割，真的已经不太重要了，反正就是把机器开过去而已。然而，我们应该关心的是，在发生了这样外在的和内在的变化之后，那其中永恒不变的，又是什么呢？

2021 年 2 月

庞德译《渭城曲》

渭城朝雨浥轻尘，
客舍青青柳色新。
劝君更尽一杯酒，
西出阳关无故人。

——王维《送元二使安西》

这是全中国人民都知道的一首诗。过去我觉得自己很明白这首诗，不过就是送别友人嘛。

在这首诗里，诗人与送行的人都没有置身安西和阳关，而是同在安西和阳关之外的其他地方，是在京都长安附近的渭城。这首诗并没有直接写阳关，但"阳关"一词携带了太强烈的文化意味。这两字刚一出现，茫茫大漠和国境线就已经在读者脑海里浮现。阳关及出了阳关之后安西都护府所辖的西域诸国，是蛮荒之地，又像永远那么远，命运感随即产生……此诗虽然没有直接和具体地写到阳关，却仿佛已经直接而具体地写过了，竟生动得如在眼前。这很像李白那首《黄鹤楼送孟浩然之广陵》——广陵就是扬州，李白和孟浩然并没有置身扬州，二人都在武汉的黄鹤楼，而扬州还在黄鹤楼以东很远的下游呢；其中"烟花三月下扬州"之句写的也不是扬州，"烟花三月"就像王维诗中的"（客舍青青）柳色新"一样，只是用来交代送别地点、送别时刻的季节及天气情况。而"烟花三月"之于扬州，正如"西出"之于"阳关"，一个是带有描绘性质的季节性交代，另一个是大致的方向性交代，二者却同样激发出了巨大的空间想象力，从渭城小旅店和黄鹤楼头直接指向了友人将要去的那个远方，那个目的地在这个想象的距离之中，竟无比真切起来。于是，就像李白的诗未写扬州却胜似写了扬州一样，王维这首诗也有着未写阳关却胜似写了阳关的奇妙效果。

而真正读懂这首诗，是人到中年，是待到我自己真正置身于大漠之中的阳关时。那时我才发现，过去我只是在理性上和头脑中理解了这首诗，而不是真正懂得了它。只有到达阳关，而且必须是一个人到达阳关，独自身处荒漠之中，看着沙丘起伏，看着大风吹拂虚无，突然产生出想哭的冲动之时，人的生命里原本就有的苍凉感才会被唤醒，才会一下子从情感深度、从灵魂深处真正地懂得这首诗。这首诗写的分明是生离死别！我乘坐当今人类最先进的飞行器飞了四五个小时，又乘汽车迎着地平线开了很久才到达那里，而古人当年走这路途会如何？可以想象，长年累月地走在艰险的路上，风餐露宿，这一去，不知何时才能返回长安或中原。或者说，这就是永诀了！只有在置身茫茫戈壁滩的那一刻，我才真的懂得了这首诗，尤其懂得了最后一句。而且，我还知道了当王维写下"西出阳关无故人"的那一刻，他自己一定已是双泪长流！

　　茫茫大漠之中的阳关，是中国汉代至唐代的重要"海关"。西出阳关，当年从这里往西去，沿着古丝绸之路，就出了国境，去往西域诸国了。

　　阳关及其周围的地理环境何止是苍茫，更是苍凉。这里位于亚欧大陆的中部，不同于北美洲的中西部——那里三面都离海洋不远，一边是太平洋一边是大西洋，中间还有一个加勒比海和墨西哥湾，有海洋暖流经过。那里是湿润的，也不够寒冷，所以只是"苍茫"而已。而亚欧大陆的中部、中国的大西北，往哪一个方向上看去，都最大限度地远离海洋；背靠着整整一片浩瀚的西伯利亚，既寒冷又干燥，地理面貌广阔而空茫，生存条件恶劣，应该用"苍凉"来形容才恰当。

　　庞德曾经根据《送元二使安西》的日语版把这首诗翻译成英文，最末两句译出来之后的语气怪怪的，我每次念给学生们听，他们都要笑。我想庞德的生命经验及他所处的文化背景里面大概没有一个类似"阳关"这样的人文地理概念，所以他很难把这层意思翻译好。

庞德的英文译文是这样的：

A Poem of Departure

Light rain is on the light dust
The willows of the inn-yard
Will be going greener and greener,
But you, Sir, had better take wine ere
 your departure,
For you will have no friends about you
When you come to the gates of Go.

这首诗从汉语译成了日语，又从日语译成了英语。看一下最终翻译成英文之后的样子吧，别提"苍凉"之感，就连"苍茫"的意味都谈不上了。如果从来不知道这首诗在汉语里的本来模样，只是根据现在英译版的字面样子再把这首诗重新翻译成汉语，便成了这样：

起程之诗

轻轻的雨落在轻轻的尘土上

小旅馆院子里的柳树

将要变得越来越绿

先生您啊，在出发之前，最好把这杯酒喝了吧

一旦走过那些通关之门

您就再也没有朋友了

先从外部和整体来对比一下。庞德并没有将原诗标题中的具体内容都翻译过去，而只是笼统地把这首诗的大概性质翻译出来了，点明这是一首起程之诗或者离别之诗。另外，这首中国古诗的格律并没有相应地转换成英文里的格律。译成英文之后，句首是不押韵的，句尾也是不押韵的，同时还从原来的四行变成了六行，完全成了自由体式，较散文化，很像一首现代汉语新诗了。

再从内部和局部来对比。原诗里面出现了三个地名：起程地点"渭城"、目的地"安西"，以及一个必经的叫作"阳关"的重要关隘。当时，渭城就在京城长安附近；安西都护府的治所在龟兹城，遗址在今天的新疆库车；而阳关，作为那时的海关要塞，在这里几乎相当于"遥远"和"转折点"的代名词。除了上面这三个地名，诗里还出现了诗人送别的那个朋友的名字，叫"元二"。这三

个地名和一个人名的出现，使得这场送别显得非常具体生动，也像日记那样具有了记住和备忘录的意味，并且这三个地名和一个人名还携带着浓厚的时代特点及中国文化色彩。然而，庞德并没有把它们都翻译出来。"阳关"之意，庞德似乎翻译了又似乎没有翻译。他把它译成 the gates of Go，这里 Go 的首字母虽然使用了大写形式，有特指的意味，但最终并没有将其作为一个独一无二且不可替代的"关隘"来译，而且 gates 竟然还匪夷所思地使用了名词复数形式。那么，这里的这个关隘或关口除了可以理解成"阳关"，当然也可以理解成"玉门关""嘉峪关"，甚至"雁门关"和"山海关"了。庞德作为意象派诗人，在翻译这首诗时，确实抓住了"雨"和"柳树"这两个重要的意象，却没有很好地把握住"阳关"这个涉及文化地理学的中国意象，这应该跟他缺乏类似的实际生活经验有直接关系吧。

继续问，原诗标题中的"元二"真的可有可无，真的可以不翻译出来吗？按照庞德的翻译理论，翻译其实是某种创造性的改写，没必要亦步亦趋，只要把诗的本质译出来就可以了。听上去，这个理念相当不错。按照这个理念，大量将具体名字嵌入标题和内文的中国古诗，所有人名都可以完全忽略，都可以不翻译出来。那些由于传播学诸因素而没有变得家喻户晓的"运气不佳"的诗歌，即使嵌入了具体人名，除了专门研究者也少有人知，我们可以不必去理会它们。我们只关注广泛传播以至妇孺皆知的诗篇吧。以此类推，李白《赠汪伦》中的"汪伦"也可以不译出来，高适《别董大》中的"董大"也可以不译出来，王昌龄《芙蓉楼送辛渐》中的"辛渐"也可以不译出来，杜甫《江畔独步寻花·其六》中的"黄四娘"及《江南逢李龟年》中的"李龟年"也可以不译出来……那么，这些名字就只在汉语世界流传，而无法传播到汉语之外的国度去了。元二、汪伦、董大、辛渐、黄四娘、李龟年如今可是已经成为中国古代文学史上无人不晓的人物了。这些人物自己并不从事文学创作，跟那些削尖脑袋想钻进文学史的人相比，他们在文学上全无野心，原本不过是路人甲、路人乙而已，却完全莫名其妙地被某个大诗人一时兴起将名字写进了诗中，恰逢此诗在空间和时间上传诵甚广，故他们跟着诗作一起进入了文学史。这些人物真是一不留神就稀里糊涂地"掉"进了文学史，像走路不小心摔了一跤倒恰好从地上捡了钱那样偶然和幸运。他们从此就在文学史里稳稳地安居，想出都出不来了，属于使劲儿往外拽都拽不出来的那种。如果这些名字在翻译过程中都被省略，那么，元二这趟边疆远门就白出了，辛渐受托捎给"洛阳亲友"的一席话白捎了，董大的胡笳白吹了，黄四娘的花白种了，李龟年的歌也白唱了，作为李白的"超级崇拜者"的汪伦损失最惨重。汪伦，一个胖子，一个退休县令，居住在安徽泾县的一个村庄里——十里之外有渡口，叫桃花渡，还有一个姓万的人开了一家酒馆，叫"万家酒店"——他在书信里耍小聪明，用"十里桃花""万家酒店"等字眼巧妙地把李白这个大诗人给骗了去，让大诗人好吃好喝地住了几天，临别时以好礼相赠，又集合全村人来到江边，踏地为节，边歌边舞地送别诗人，于是诗人作了一首诗，把他的名字镶嵌进一首七言绝句里。汪伦就被钉进那首诗里，再也出不来了，名垂青史……如果在将这首诗翻译成外文时，竟把其名字省略掉，那么，汪伦的信也白写了，酒也白送了，全村人的歌舞也白费了，全都白忙活了。我知道有一所大学历史系的教师，大半生研究汪伦，以汪伦的家谱为研究对象申报了课题，发论文、出专著，靠汪伦评上了教授。如果这首诗在从汉语被翻译成其他语种的过程中，由于译者认为"汪伦"这个名字可有可无，把它给译丢了，让这位汪伦研究专家情何以堪？按照庞德的这种理念和做法，那么，在将T.S.艾略特的《荒原》翻译成汉语时，也完全可以把原文小序中的那句"献给埃兹拉·庞德／高明的匠师"两行删去——可有可无嘛。请问，果真这样做，艾略特可愿意？庞德可愿意？

　　另外，王维的原诗是具有方向性的：向西。这个西去的方向性既体现在三个具体地名上，也体现在末句"西出"一词的运用上，再跟原诗中第三行那有着情感诚挚力度的"劝""更"二字联合起来,于是诗中的国土版图就由东向西延伸,在视觉上和心理上都铺展开来,半个亚欧大陆在诗中呈现,形成了一种内在的扩张力。这既是地理概念上的扩张,也是诗人经验的扩张,还是在特定场景下情绪的扩张。庞德的英译版本则失去了"西去"的这种方向性,同时也相应地失去了地理、经验和情绪上的张力。

读到"But you, Sir",我忍不住就笑了。"劝君"被翻译成"先生您啊";Sir 作为一个直接的称呼,突然出现了句子当中。一想起穿长衫的古人互称 Sir,就没法不笑。我不禁想起了美国好莱坞在 20 世纪三四十年代根据赛珍珠的小说改编成剧本,拍摄时角色全部由白人扮演,纯以中国故事为背景的电影——《大地》《龙子》里的那些场景和对白。我看过这两部电影,看到一群白种人穿上中国农民的服装,为生存而卖命地劳作,还打日本鬼子,也几乎都开口闭口彼此称 Sir。一开始觉得好笑又好玩,但由于演员们的演技实在太好,随着剧情深入,我竟渐渐地忘记了他们的白种人身份,真的把他们当成地地道道的中国百姓,并被电影打动了。

可是这首诗在被庞德翻译成英文之后,却并没有出现好莱坞电影里那样具有说服力的人物角色及其演绎出的神奇效果,而是变得平面化了。这首诗经庞德之手,一场包含着普遍性、特定性的送别,演变成了一场只在某种特定场景下、普遍性的送别。外延扩大的同时，内涵明显地缩小了。同时，原诗中那对"别时容易见时难"和身世飘零的感喟也被大大削弱，同时还减少了原诗中所隐含的守护边疆的使命感和气魄。

但是，这样的译文又让人觉得非常有趣。在拿英文译本跟汉语原文对比的过程之中，让两个版本以对方为镜子来映照彼此，可以让我们更加清晰地理解原诗究竟好在哪里，意识到原诗中所携带的文化因子，同时清楚地看明白它朝向另一种语言文化转化的全过程及在这个过程中丢失了什么又增添了什么。

当年讲唐代文学的老师讲到王维，讲到这首《送元二使安西》时，还把大约明朝时期的人给这首诗添加了很多字句段落后谱成的古琴曲词《阳关三叠》读给我们听。坐在教室里，窗外正是春天，我那颗青春而文学的心被那篇盛宴般的文字所感染。当时没有网络，课后我跑向老师，向她要这篇《阳关三叠》的原文。下次上课时，老师带来了用湖蓝色钢笔墨水工工整整地抄写在蓝色横条格子资料卡片上的全文。半年前搬家整理旧物时，我还见到过这张已经泛黄的二十多年前的卡片：

清和节当春，渭城朝雨浥轻尘，客舍青青柳色新。劝君更尽一杯酒，西出阳关无故人。霜夜与霜晨，遄行，遄行，长途越度关津。惆怅役此身。历苦辛，

历苦辛，历历苦辛，宜自珍，宜自珍。

渭城朝雨浥轻尘，客舍青青柳色新。劝君更尽一杯酒，西出阳关无故人。依依顾恋不忍离，泪滴沾巾，无复相辅仁。感怀，感怀，思君十二时辰。谁相因，谁相因，谁可相因。日驰神，日驰神。

渭城朝雨浥轻尘，客舍青青柳色新。劝君更尽一杯酒，西出阳关无故人。芳草遍如茵，旨酒，旨酒，未饮心已先醇。载驰骃，载驰骃，何日言旋轩辚。能酌几多巡，千巡有尽，寸衷难泯。无穷的伤悲，楚天湘水隔远津，期早托鸿鳞。尺素申，尺素申，尺素频申，如相亲，如相亲。

噫，从今一别，两地相思入梦频，闻雁来宾。

年轻时，我看完上面这个被改编添加之后的版本中的绮词丽句，着迷得不行。人到中年之后，再读之，竟觉得年少时的自己，眼光实在很成问题。这首在王维原诗基础上填充之后的《阳关三叠》，怎么可以这样镂金错彩甚至雕梁画栋？

《送元二使安西》只有那四句，前两句"渭城朝雨浥轻尘，客舍青青柳色新"，写得多么青春啊，像唐朝一样青春，像李白一样青春。而后两句，又是多么苍凉和悲壮。后面这两句诗，还会使人联想到当年和亲的公主走到阳关的时候，也应该是悲壮的。出了阳关，就是出了海关，真正地离开故国了，在当年的条件下，这百分之九十以上就意味着永别了，实在类似"风萧萧兮易水寒，壮士一去兮不复返"的情形，女主人公一定不会像朱湘《昭君出塞》里写的那样，竟哭哭啼啼扭扭捏捏。

朱湘在诗中是这样写的：

　　琵琶呀伴我的琵琶：
　　趁着如今人马不喧哗，
　　　只听得蹄声答答，
　　我想凭着切肤的指甲，
　　　弹出心里的嗟呀。

　　琵琶呀伴我的琵琶：
　　这儿没有青草发新芽，
　　　也没有花枝低桠；
　　在敕勒川前，燕支山下，
　　　只有冰树结琼花。

　　琵琶呀伴我的琵琶：
　　我不敢瞧落日照平沙；
　　雁飞过暮云之下，
　　不能为我传达一句话
　　　到烟霭外的人家。

琵琶呀伴我的琵琶：

记得当初被选入京华，

　常对着南天悲咤；

哪知道如今去朝远嫁，

　望昭阳又是天涯。

琵琶呀伴我的琵琶：

你瞧太阳落下了平沙，

夜风在荒野上发，

与一片马嘶声相应答，

　远方响动了胡笳。

　　诗人用新诗写古典情怀，这首诗的音乐感是很好的。然而，在我看来，这首诗从情调上来看，写得太幽怨了。流行的说法是，昭君因不肯贿赂画师才被雪藏宫中多年。据说她曾经用蓬头垢面的自损方式来反抗被迫寂寞终老的不公，于是后来机会来临时，她竟主动请缨。毕竟是从发达的汉族地区去往偏远的少数民族地区，无论表面多么激昂，昭君的心底应该是有一些幽怨情绪的，但是，这幽怨一定不是她情感的主色调。在命运大概率的无奈之中，在那个时代，她毕竟是一个相当罕见的、发挥自由意志进行了自我选择的女子。若说她由此摆脱了单方面的等待和被 Alpha Male（阿尔法男）选择并被物化的可怜境遇，从而获得自由和解放，可能多少被现代化地夸大了。但是我认为，她心底跟命运赌博的悲壮和豪迈成分，一定是大于所谓幽怨的。皇帝是世界上最大的 Alpha Male，也就是某个团体之中那个最大的雄性领袖，处于金字塔的塔尖，所有人为了生存都必须讨好这个雄性总裁。对于昭君来说，与其等候由这个 Alpha Male 给自己带来莫须有的宠幸和荣光，倒不如离开他，出走僻远之地，开辟一个自我的新天地。这未必不是命运的转机，即使这转机中还包含着很多未知和不确定。好吧，昭君，那就赌一把。于是，这个女子真正踏上了征程，并且正如朱湘在这首诗中所写的那样，已经走到了"敕勒川前，燕支山下"。敕勒川，当为如今山西和内蒙古一带；燕支山就是焉支山，属于祁连山脉，位于现在河西走廊的中部。昭君显然已经进入今天的甘肃境内。昭君正在走向阳关，接下来就要离开汉朝关塞，越过国境，进入胡地。这时候即使仍有一些幽怨，这幽怨也一定已经发生了根本性的改变。这一路走来，越走越荒凉。人处在命运的孤绝境地，又映衬着大漠戈壁这样一个辽阔而荒寂的自然背景，而且是走到了阳关这样生死攸关的咽喉之处，哪还来得及抒发幽幽怨怨的小情小调，弄成一副闲愁最苦的模样？朱湘的诗里不是没有写到沙漠戈壁风光，"落日照平沙；/雁飞过暮云之下""太阳落下了平沙；/夜风在荒野上发"，足够苍茫和苍凉。昭君虽为女性，而处于如此特殊的此时、此刻、此地、此境，也只能选择壮烈。大风吹乱了头发，衣衫飞舞，抱定永诀如同抱定必死的决心，实在唯有荆轲可与之一比。朱湘把赌彩一掷的王昭君写成那个委委屈屈的模样，大约因为朱湘自己就是那样一个幽怨之人吧。这首诗虽然使用了让昭君自己来倾诉的口吻，但里面的"嗟呀""悲咤"在相当程度上其实是诗人朱湘把他自己的情绪投射到了昭君身上。诗人是怀才不遇和贫苦的，所以才幽怨，昭君也就只好跟着幽怨起来。也许我不该这样说人家朱湘。这个被鲁迅称为"中国的济慈"的诗人实在是一个苦孩子，性格敏感内向，总是一而再，再而三地撞上现实的南墙，最终又在二十九岁时从轮船甲板上纵身一跃跳入长江——这又属于朱湘的苍凉和悲壮。这跳江行为本身已够英勇，而我等则未必敢于赴死。

昭君走到阳关，最后回首遥望了一下故土和青春，然后心一横，回过身，义无反顾地向更加荒凉的大漠深处走去，向时间的纵深之处走去。那个样子像不像一个女英雄？这里的地理背景是相当重要的，它对人的情感有时候起着直接的诱导作用。同样的道理，人到中年之后，我在冬末春初，游走至阳关及其周边，在只长着隔年的骆驼刺和红柳的茫茫戈壁滩上，才渐渐体味到《送元二使安西》中的苍凉意味。那情境对于我，就是在空茫的天地之间，只悬着一句口语化了的诗句："西出阳关无故人。"连王昭君在漫漫时间里已经远去、已经模糊了的背影，都是不得见的。

回过头来继续说《阳关三叠》。在我看来，《阳关三叠》的作者跟朱湘一样，也是没能从骨子里理解戈壁和阳关究竟意味着什么，没能把握与此相关的人物身上的命运感。于是，《阳关三叠》添词句加段落的结果，是往王维那四句诗里面加入了很坏的成分，在文字上弄得繁复甚至花团锦簇，还有很多生僻字夹杂其中。最严重的是，竟把一种属于中国江南的苏州园林式的小格局的伤感情调掺杂进去了。这里写的可是阳关，即使不是一个此时此刻的地点而只是一个将要进发而去的地点，毕竟也是阳关啊。那里是茫茫的沙漠和戈壁，在如此一个把"少"和"无"作为主格调的地理环境之中，使用这么琐屑复杂的辞藻和笔画，是写不出苍凉之感的，而只能把人带入一种腻歪和小家子气里面罢了。

现在看来，有王维这四行诗就足够了，已是千古绝唱。像《阳关三叠》这样添字词加段落的改编，无论谱上何种曲子，都纯属多余，甚至是对原作的歪曲和误解。

中国文化中苍凉的一面，基因里从来就是有的，东西方文化交汇之后的朝代，当然更应该有。《诗经》里就有，屈原那里有，汉乐府里有，古诗十九首里有，曹操的诗里有，曹植的诗里有，嵇康身上有，唐诗里当然有，元曲里也有，谭嗣同身上有，秋瑾有，鲁迅有……

王昭君是汉代女子。在我的阅读视野里，相较于中国封建时期的其他朝代，汉代似乎比较开放，甚至奔放。女子所受的拘束不多，没有被模板完全驯化，大都敢爱敢恨，在情感上自主意识也挺强。

不管文学史的研究资料中实际情况是怎样的，在我的主观臆想中，我很愿意将汉乐府中的《上邪》和《有所思》的作者想象成同一个人，当然都是女子。我愿意把它们看成同一个女子在爱情不同阶段的表达。

> 上邪！我欲与君相知，长命无绝衰。山无陵，江水为竭。冬雷震震，夏雨雪。天地合，乃敢与君绝！
>
> ——汉乐府民歌《上邪》

> 有所思，乃在大海南。何用问遗君，双珠玳瑁簪。用玉绍缭之。闻君有他心，拉杂摧烧之。摧烧之，当风扬其灰！从今以往，勿复相思，相思与君绝！鸡鸣狗吠，兄嫂当知之。妃呼狶！秋风肃肃晨风飓，东方须臾高知之！
>
> ——汉乐府诗《有所思》

《上邪》是第一阶段，是热恋中绝对化的誓言，用五种大自然的变异现象"山无陵，江水为竭。冬雷震震，夏雨雪。天地合"来起誓自己永不变心。《有所思》则是第二阶段，是遭遇男子对自己的背叛之后，这个女子采取了义无反顾的弃绝态度，她把因爱而生出的恨发泄在可能是信物的玳瑁簪上。"拉杂摧烧之"，"当风扬其灰"，这里出现一系列动词，都是大幅度的不留余地的动作，要让对方从自己的生命里完全消失，将过往的爱情格式化，真是惊心动魄。后来的杜十娘怒沉百宝箱，都比不上这里的一系列动作更极端和决绝，这里真是一点儿退路都没有留。杜十娘的动作里绝望占了上风，而这位汉代女子的表达在程度上相当严重，她追求彻底和纯粹，她简直是在革命，同时还有宣言发表——那宣言从物质上来看，就是信物被挫骨扬灰之后，正在空气中渐渐飘散着；从语言上来看，就是"从今以往，勿复相思，相思与君绝"！

是的，如果把这两首诗中的女子当作同一位女子来考察，我们会发现，她在爱情不同阶段的表现都是那么自信、独立、高调、勇敢、率性，从来都将自己放置在两性关系中的主导地位上。我来决定，我想要你；我说了算，我不要你了；我决定放弃，一个人收拾残局，独自重整河山……态度鲜明，掷地有声，简直是一朵铿锵开放的玫瑰！

这些诗，大约是由于在其所处的汉代，中国封建伦理道德体系尚未来得及健全和完善，加上它们采自民间乡野，所以充满了原始的活力。假定把这两首汉乐府诗中的女性形象拼凑在一起得来一个完整的女性形象，那她简直就是东方版的美狄亚。她爱的时候，毫无保留，没给自己留退路，而一旦遭遇背叛，她只给有二心的男人一条路走，就是让他"一失足成千古恨"，而绝不给他"浪子回头金不换"的机会。

美狄亚不愧为科尔喀斯国王的女儿、太阳神赫利俄斯的孙女。她的身上有着极端的激情和原始的野性。她在与伊阿宋一见钟情后，帮他盗得自己国家的金羊毛，并不惜杀死自己的亲兄弟。伊阿宋与她海誓山盟永不变心，两人婚后过了十年幸福生活，生了两个孩子。可是伊阿宋后来又爱上了别的女人，并打算将美狄亚和孩子驱逐出境，于是美狄亚决定复仇。她献上有毒的金袍、金冠，置情敌于死地，又强忍悲痛亲手杀死自己的两个儿子，以免他们落入敌人手中受折磨。最终她逼使伊阿宋于绝望中拔剑自刎，而她坐上早已备好的龙车向着空中远去。美狄亚身上反抗的烈焰是那样耀眼，恨不得将那个一夫多妻制的世界烧毁。她将女人充满自我意识的智慧、任性和爱恨情仇挥洒得那么淋漓尽致，令那个以男人为主人、以女人为奴隶的社会瞠目结舌。她一出场就满怀痛苦地说出了那段话："在一切有理智、有灵性的生物中间，我们女人算是最不幸的，首先我们得用重金争购一个丈夫，他反而变成我们的主人……"这简直就是人类历史上最早的女权宣言。在美狄亚身上有着孤注一掷的魅力，她为正义而敢于赴汤蹈火，不自由毋宁死，绝不委曲求全。她在爱情的第一阶段上演了一出《上邪》，在爱情的第二阶段上演的是《有所思》。她不仅毁掉了信物，更用血腥祭奠了她的爱情。

与这位汉代女子相比，与美狄亚相比，后世的女人们则表现出了更多的苟且和无奈，有了太多的欲擒故纵和待价而沽，给了渣男们太多回头的机会。或者睁一只眼闭一只眼地自欺，或者视若无睹地许可与放纵，结果使自己的人生越来越被动了。以致到了今天，在两性关系中，有越来越多的男人和女人同时沦为机会主义者，像按照最合适的汇率兑换外币那样兑换人生。这些人的生命里没有苍凉，逃避苍凉，承担不起苍凉。即使有了苍凉，他们也不敢认领，到头来只要那个社会意义上的面子——里子都没有了，要面子有何用？当然他们最终要的还是舒服和划算，可是舒服和划算也是需要付出代价的，那将是更大的代价，是人的尊严的丧失。

虽然这两首汉乐府里的汉代女子和美狄亚分属不同的文化族群，但她们作为女性，在对待爱情的方式上却极为相似，并令人感佩。这至少说明东方文明和西方文明之间的差异曾经不像后来那么大，同时也说明一个民族的文学——正如 T.S. 艾略特所言，应该是"强烈的地方色彩与无意识的普遍性相结合"。

进一步联想，我很不明白张艺谋先生为何在导演涉外的晚会或节目时，总拎出那首《好一朵茉莉花》——曲调哼哼唧唧，听上去像害牙疼；至于歌词，"我有心采一朵戴，又怕旁人笑话"——如此扭捏，能代表中华民族吗？还不如来一曲马头琴更带劲。你爱戴不戴，想戴就戴嘛。一个人在天地之间，风情万种，别人的目光算得了什么？在夏威夷，无论男女老幼，都恨不得在鬓角别上一朵鸡蛋花，谁也没觉得有什么不好意思。《好一朵茉莉花》这首歌里的主人公，是一个已经完全社会化并且道德伦理化的女子，缺少了对世界的原初的好奇，缺少了对大自然之风物的共情，完全是停留在人与人、人与社会的平行层面折腾。

单从人类生存的实用角度来看，中国虽然面积很大，但是，那占据了三分之一国土面积的大西北，尤其是那大漠戈壁，绝不是可有可无的。在那个被称作阳关的地方，大风吹着那座现已风化了一半以上的公元前的烽燧和一大片空荡荡的荒漠、戈壁，其间有一条还能看得出些许眉目来的东西方向的道路，就是古丝绸之路。雪山横在远处，这里的"少"和"无"，使得诗意更加简洁有力。当大风从这一切之上吹过时，则叫作苍凉……这一切，绝不是可有可无的。这一切，不仅是物质意义上的存在，更是精神意义上的存在，成为中华民族性格的一个重要组成部分。这部分怎么能够在中国文化中忽然消失不见，而只剩下江南的那一朵开得羞羞答答的茉莉花？！

《送元二使安西》又被称为《渭城曲》。庞德对于这首诗的翻译收在他那本包含十九首中国古诗的英译本《华夏集》中，据说是以费诺罗萨的日语学习笔记为蓝本的。他们两个人不知究竟是谁把这首诗中的苍凉感给翻译丢了，甚至把"阳关"也译丢了一半。庞德认为，诗歌翻译的目标是诗而不是词典上的文字定义。可是，在这首诗中，"阳关"这两个汉字在词典的文字定义里面就已经包含了诗本身，至少是诗本身的一部分，而且还是重要的部分。

当然，不能责怪热爱东方文化并宣称喜欢中国儒家文化的庞德。我作为一个汉语诗人，人到中年，直至置身阳关的那一时刻，才恍然读懂这首诗中的苍凉感和命运感，又有什么理由硬要求一个美国人懂得呢？

2018 年 2 月

向 T.S. 艾略特致敬

  自希斯罗机场乘地铁抵达伦敦市区，我从罗素广场地铁口钻出来的时候，已是夜里 10 点半了。这是 2019 年的一个秋夜，我平生第一次来英国。我在长长的地铁扶梯上对自己说："这是他坐过的地铁。"扶梯上升到了地面，我对自己说："这就是他的伦敦了。"对我来说，这里不是狄更斯的伦敦，不是伍尔夫的伦敦，不是乔叟的也不是弥尔顿的伦敦，不是济慈的拜伦的甚至不是莎士比亚或其他什么人的伦敦，这里只是艾略特的伦敦，它是《荒原》。

  夜幕下，我拖着行李箱，背着双肩包，踽踽前行。包里塞着打印出来的《荒原》《四个四重奏》的汉译版和英文版。汉译版都是汤永宽的译本，比照着英文，对比过所有译本，还是最喜欢他的，因为传达出了作者舒展的语感和节奏。

  20 世纪 80 年代末期，我十九岁，开始读《荒原》。

山东大学图书馆文科阅览室有一大套丛书《外国现代派作品选》，80年代初由上海文艺出版社出版，袁可嘉等人选编。封面是抽象的几何块状，以蓝、绿、黄、紫等不同颜色来区分卷册，版权页标注着"内部发行"。这套书深深地吸引了我。它被放在倒数第二排书架右上角顶层的位置，我每次都要踮起脚后跟来取书。这套书的某一本上有T.S.艾略特的《荒原》，译者是赵萝蕤——名字笔画太多，还有这么多草字头，所以我记住了。我把《荒原》读了一遍又一遍，连注释也不放过。头昏目眩，似懂非懂，但就是喜欢读。我对这首长诗渐渐有了一种"不懂之懂"。我对这首诗的评论文章并不感兴趣，一首诗原本可以有很多种解释或者干脆不解释，诗并不是用来解读的，而是用来感受的，那是一些幽暗的胚芽。那时候作为一个书呆子，《荒原》恰好满足了我对"博学"的莫名的向往。还有，里面某种东西模模糊糊地对应了我那青春期偶发的虚无感和躁狂感。当然，我更迷恋的是诗中的音响效果，虽然这已经是译成汉语之后的音响效果了。对于一首诗来说，语音的重要性并不亚于语义。时间到了1996年，我尝试写相对长一些的诗，算小型长诗吧，写了《洪楼》《舜耕路》《北井村》。诗中增添了叙事因子，并被统一在某种语势之中。就这样，在诗歌写作的早年，我并未有意识地效仿过艾略特，但也不是绝对未曾受其影响。

得承认，多年以来，我缺乏一把通向艾略特世界的有效的钥匙，故而一直在门口徘徊，直到2013年开始细读《圣经》。艾略特很多构思和诗句都与《圣经》原文有直接的或间接的关联，有时二者几乎一触即发。那是他的精神背景，更是精神核心。我认为自己已经找到了钥匙，就像西方人要读懂李白，就得懂一些儒释道一样。2013年我偶得一张艾略特诗歌朗诵的光盘，听了许多遍，接着写了一首长诗《T.S. 艾略特的声音》。2019年春天我完成了一篇两万字的论文《〈荒原〉〈圣经〉对照记》。另外，我课上讲艾略特，每学期都产生不同的体会。

似乎没有上面这些来做底，我就不好意思来伦敦，来看艾略特。

我去牛津大学寻找他的踪迹。那些建筑有着真理的形状，据说某学院的图书卡上还留有他当年的签名。那个普鲁弗洛克的原型，那个青年，曾在这里研究他喜欢的哲学家布拉德利。哲学家对时间概念的看法，直接影响了这个对时间原本敏感的诗人的一生，帮助他在多年以后找到解决时间问题的方法和途径——只能是"道成肉身"这一最高原则。"现在的时间和过去的时间／也许都存在于未来的时间，／而未来的时间又包容过去的时间。／假若全部时间永远存在／全部时间就再也都无法挽回。"（《四个四重奏》之《焚毁的诺顿》）他在牛津时还没有写出这些句子，只是正通过研究哲学为将来写这些诗句做准备。那时他只有《J.阿尔弗雷德·普鲁弗洛克的情歌》这首没有爱情的情歌，正为前途迷茫。在学术生涯和写诗之间，在返美和留英之间，必须做出选择。这对于一个像哈姆雷特一样犹疑不定的天秤座人士来说，真是一个大挑战，须有强大外力用切断后路的方式来替自己下决心。于是他接受了庞德的教唆——做一个诗人，又放弃了学位，最后被老婆牢牢地拴在了伦敦，导致父母断了他的经济供给。就这样，他成了家族的反叛者和文化意义上的出走者，成了一个"伦敦漂"，在美国和英国都成了"局外人"。我离开牛津时，天已黄昏，低气压中雾气迷蒙，正是艾略特所说的那种"肺气肿似的天气"，脑海里响起了那熟悉的诗句："那么就让咱们去吧，我和你，/趁黄昏正铺展着天际/像一个上了麻醉的病人躺在手术台上。"

在伦敦的双层巴士上，恍惚觉得会突然遇见他。他正坐在顶层，拿一份《泰晤士报》做着纵横字谜游戏，去上班。他西装革履，上衣口袋内塞一方白手帕，还戴了礼帽。他高而瘦，眼睛明亮有神，形象超然，书生气十足，却没有才子气，更无江湖气。还有，他看上去仿佛刚刚从伤风感冒中康复。

他处在最严肃的那一极，充满罪感，压抑欲望，过着纯洁的清教徒生活，几近圣徒，为整个人类文明操心，有着改良社会的蓝图。他还相当有社会责任感，战时曾申请参军做情报工作，朝九晚五地上班养家糊口，兢兢业业地劳作，扶植青年作家。他是一个遵纪守法的好公民。然而，与此同时，他又处于最不正经的另一极，个人化到匪夷所思的地步——吸很多烟，喝酒，喜欢俚语，偶尔哼下流小调，往脸上抹绿粉涂唇膏，爱挖苦人，给别人起绰号，养猫画猫写猫，沉溺于纸牌，讲鬼怪故事，对凶杀案兴趣盎然且能大段背诵福尔摩斯，喜欢杂耍、爵士乐、交响乐和芭蕾，隔三差五地要搞一下恶作剧。没错，这两极都是他，除了他自己，谁都定义不了他。他绝不板结，于是，从最严肃那极到最不正经那极，处于这两极之间的大片中间地带，全都属于他了，他天地辽阔。

平衡，是这个天秤座诗人的关键词。他把创作和学术、世俗和信仰、肉欲表达和禁欲主义、怀疑主义和理想主义、神秘直觉和逻辑理性、亲切友善和不近人情、身心脆弱与强力意志、遁世与声誉、自我中心与慷慨大度、极度痛苦与天堂喜乐……统统分别放置在跷跷板的两端，靠着神经末梢这个支点，在两两之间寻找巧妙的平衡。另外，他在具体诗歌写作过程中也体现出优异的平衡能力，选择、压缩并加工材料，使之进入同一个空间并形成回音。他似乎从未野心勃勃，倒经常表现出枯竭感、疲倦感甚至僵死感。他不断地否定自己又开辟新的道路，一次又一次为失衡的生命寻找到新的平衡。

在伦敦，我找到了他去世时的故居、他与庞德去过的小酒馆、他工作过的劳埃德银行以及费伯－费伯出版社。找到出版社时是一个黄昏，我盯着那幢维多利亚时代的红砖楼，想知道哪个窗口是他的办公室，为躲老婆而逃跑的防火梯在哪里，还想象"二战"期间他做空袭民防员时如何在房顶上站岗……这时，有个自称来自希腊的女孩过来搭讪，让我为她在这幢全伦敦最没特点的楼前拍照。我处于魔怔之中，以为她也是来寻访艾略特的，全世界的人理所当然都爱艾略特。接下来她把我引向楼侧面的昏暗角落，一下子使我几乎陷入犯罪团伙的包围圈，我敏感预知且迅疾逃掉，一路狂奔。这堕落的人世啊，艾略特知不知道，他离开之后的西方世界并没有变得更好？这些抢劫者在我看来似乎是从那首长诗《荒原》里跑出来的，而大街上行色匆匆的人们，看上去多么像《空心人》——"空心人"也是从《荒原》里溜出来的吧，"这就是世界结束的方式／并非一声巨响，而是一阵呜咽"。

我去了圣斯蒂芬教堂，那是跟那首长诗《圣灰星期三》相关联的地点。整整二十五年，诗人在这里做大主教委员会委员，还发挥银行工作经验来管理那些捐献账目。一个像吃了摇头丸一样一直摇晃着脑袋的人把我引到一个角落，参观墙上那有艾略特夫妇照片的纪念铭文。如果说《荒原》是在地狱里，那么《圣灰星期三》就是在炼狱中，而《四个四重奏》则是从炼狱上升并抵达天堂。

接下来离开伦敦去往东南方向的坎特伯雷，那里的大教堂是艾略特的诗剧《大教堂凶杀案》的首演地及故事原发地，上演位置与大主教托马斯·贝克特被刺杀的位置紧挨着。诗人对殉道者的兴趣在某种程度上源于其自身的同类型气质。"我把我的生命／交付给上帝的律法而不是人间的法律"，"每一种恐惧都有它确定的意义／每一种忧伤也都有个尽头"，这既是在写那位大主教，也是在写诗人自己。我的脚步就踏着这些句子的节奏，踏着里面的鼓点，步入辉煌而阴森的教堂地宫。诗人从诗剧的语调之中，顺势开启了《四个四重奏》的写作，后者的音乐性里当然还有艾略特偏爱的贝多芬的某段奏鸣曲，但诗剧和这部长诗的听觉想象力及其中的演说意味，读起来确实颇为相近，舒展而清朗，还率真。

来伦敦的第五天，天不亮即起，我乘上由滑铁卢开往西南部的火车，车窗外可见正在开花的花楸树。两个多小时后，到达南萨默塞特郡的约维尔小镇火车站，有一首英式摇滚就唱过《18：10去约维尔火车站》。我从那里转乘公交车去了东科克村。

东科克村美如明信片。这是艾略特的祖居地。我见过一张艾略特当年骑自行车在东科克拍的黑白照片，若从同一角度看，景物没有发生任何改变，只不过如今在手机里变成了彩色。戴厚帽子的茅草房、排屋、小酒馆，全都在呢。阳光正往高处升；一缕微云像一声带着赞美的轻轻叹息，淡淡地抹在瓦蓝的天上。他写过的农场还在，田野和深巷还在，木栅也在。真的有大丽花，果然有枭鸟在叫……他将自己定义为城市诗人，而诗里却并不缺少大自然，光《四个四重奏》里涉及的植物就可以列出一大堆，而在那首《干燥的萨尔维吉斯》里写了他终生热爱的河与海。他曾经明确表达过要防止人类对大地的掠夺，他还预警未来将有高科技占主导地位的长时期野蛮时代。啊，诗人犹如先知。

在来英国之前不久，有一天我一边吃早饭，一边温习关于艾略特的课件。忽然，似有一道光照进了昏暗的小屋，我茅塞顿开，从《东科克》中读出了《传道书》的意味和节奏。看艾略特那些诗句——"屋宇有生也有死：有建造的时候／也有供生活和繁衍生息的时候，／有给大风吹落松弛的窗玻璃／摇动田鼠在来回奔驰的护壁板／吹起绣着沉默箴言的破挂毡的时候""有四季更替和星辰出没的时间／有挤奶的时间和收获的时间／有男人和女人匹配成婚的时间／也有野兽交配的时间。两脚提起和放下。／吃和喝。拉撒和死亡"，这几段的语调、句式和内容与《传道书》3：1-8的意味何其相似："凡事都有定期，天下万务都有定时。生有时，死有时；栽种有时，拔出所栽种的也有时；杀戮有时，医治有时；拆毁有时，建造有时；哭有时，笑有时；哀恸有时，跳舞有时；抛掷石头有时，堆聚石头有时；怀抱有时，不怀抱有时；寻找有时，失落有时；保守有时，舍弃有时；撕裂有时，缝补有时；静默有时，言语有时；喜爱有时，恨恶有时；争战有时，和好有时。"对比它们各自的英文版，句式也是相同或相近的。

一条雪松和红豆杉掩映的长长小径通向那埋葬着艾略特骨灰的古老教堂。把门环轻轻一转，门就开了，里面无人。墓在教堂内部一个墙角，姜黄色的铭牌镶在墙壁上，铭牌上刻着名字和生卒日期，还有《东科克》里的句子："在我的开始中是我的结束"，"在我的结束中是我的开始"。光从铭牌上方的高窗照进来，一直照到地板上。窗台上倚放着他中年时期的照片。自印的小册子《东科克》，标示两英镑一本，把钱放在台子上自取即可。我在那里呆坐了半个时辰。我终于来到了这里，我终于找到了他。

骨灰是埋在了地板下还是砌入了墙体中？村子里难以见到人，于是我跑到一个小酒馆里去问询。服务生和正在吃喝的男女老幼要么表示无法确定，要么认定是砌入墙体中了。我上网搜，搜到的唯一线索只是一个聊天网站的某条留言，认为埋在地板下面。我不甘心，再次返回教堂，这次竟在教堂附近遇见一个园丁、一个清洁工、一个遛狗的，还有一个警察，加上我，五个人和两条狗一起涌进教堂。聚在艾略特墓前，大家议论了一阵子，坚定地告诉我：砌在墙体里了。我指着角落的地板，固执已见地表示：应该在地板下面。大家哄笑，嘲笑我。那会儿不知何时插进来一个中年妇女，她听明白原委，指着我对众人说："她是对的！"她又作证，约四五年前艾略特的遗孀瓦雷莉去世，来此合葬时，她亲眼看见过，就是埋在了此处的地板下面。最后她还补充：骨灰盒是铜的。

一个伟大的诗人埋在东科克村，而东科克的居民对这个诗人并不关心。

又过了两天，我依然以伦敦为根据地，向西北方向进发，辗转到达那个叫小吉丁的村庄。这就是《四个四重奏》最后一首诗《小吉丁》所写的地方，是英国国教的重要地点。村庄小教堂的门楣上刻着金字，意思是"这里正是天堂之门"。绕过堵在门口的石棺，在诗人写过的山楂树和苹果树下，在那"处于／生的和死的苦恼之间"的树篱旁，我游荡着。这首长诗中有一个段落我极喜欢，曾抄写并张贴在书桌上方："玫瑰飘香和紫杉扶疏的时令／经历的时间一样短长。一个没有历史的民族／不能从时间得到拯救，因为历史／是无始无终的瞬间的一种模式，所以，当一个冬天的下午／天色渐渐暗淡的时候，在一座僻静的教堂里／历史就是现在和英格兰。"仅是里面的语感，就能让我莫名激动，而如今我竟将自己整个人都搬到这首诗里来了。

附近有一个休息室，花木环绕。女主人有日头般的热情，体型胖大，大大咧咧，我高度怀疑她是美国人而不是英国人。她主动提出领我去周围转转。她指着不远处一条稍有起伏的沙土路，告诉我在1936年5月23日下午，诗人艾略特就是从那条路走过来的。我问："他总共来过几次？"她答："只来过一次。"我问："住了几天？"她说："没有住下，当天就返回了。"我惊呼："只来了这么一个下午，就写出了那么长的一首诗！"她领我去看诗中写过的农场的猪栏。拐过一个谷仓，果然有一排小拱门被漆成深绿色的红砖矮房，就是当年的猪舍或者说猪栏了。猪栏保持原样，只是已没有了猪，旁边停靠着一辆摩托车。"当你离开崎岖的小径 / 在猪栏后面拐向那阴暗的前庭和墓碑的时候"写的就是这里。

我花两英镑买了一壶咖啡，透过落地窗望着明媚阳光下树丛中的小吉丁教堂。休息室的墙上有根据长诗《小吉丁》所绘的一幅彩画，上有摘录的诗句，有"国王""鸽子""火"等关键词及示意图，看这张图可了解全诗的大致思路。一边喝咖啡一边研究那张解析图，我发现，长诗《小吉丁》其实可以称得上一部微缩版的《神曲》。联想小教堂门楣上那关于天堂之门的铭刻，顿时觉得此时此刻站立之处，正是整个英格兰的拐角，正是时间的枢纽。

2010年之后，我在理念和实践上都开始了正式的长诗写作，尝试着处理一些更艰难的事物。从艾略特那里可以学习怎样处理现代生活。生活中一些缺乏诗意的原生态资源，也可以成为诗之源头。现代生活是碎片化生存，需要进行整合。那些性质不同相距甚远的片断和碎片可以进入同一首长诗，而诗的音乐性和语调会形成一个巨大压强。这些片断或碎片就在这样的压强之下被重构成一个有机整体，应该是亚里士多德"整体大于部分之和"的那样的整体。这个时期我写了《心脏内科》《木渎镇》《兰花草》《老城赋》《城南哀歌》《随园》等长诗。这些长诗中的音响效果，当然是依据创作时的呼吸和情境而自然生成的。同时我在理念上同意艾略特"诗歌的三种声音"之说，也同意他所强调的散文体对于丰富诗歌层次的重要性。

曾经我并不真正懂得他所声称的"文学上的古典主义者"是何意，后来，我终于理解他讲的是要寻求"标准"和"秩序"，而这标准和秩序的顶点，在艾略特那里则是基督教。面对西方文明的衰落，艾略特以知识分子的方式表达忧虑。即使拯救不了这文明，至少可以守护它——他想用过去的文化来滋养现代，想当一个传统的搬运者，让传统来鼓舞现代，让现代在传统中复活。现代性跟倡导传统甚至古典并行不悖，真正的、强有力的现代性必须在传统和古典中才能生长出来。如果把接下来他那两句关于政治和宗教的宣言放在一起来看，那么，他是为人类社会和西方文明构想出了一幅蓝图吧。

提倡"非个性"或"逃避情感",是为反击浪漫主义浮夸的自我表现,与他对人文主义的反思及对无限制民主自由进行批驳的社会主张也是相一致的。提倡克制和自律,强调纪律和权威,这大概类似于一种西方人的"克己复礼"——犹如中国唐宋古文运动的倡导者、实践者们,其实正是当时的文体改革先驱和社会改革先驱,是一个时代的先锋派。为扼制人类的堕落,就得让个体的虚无感、恐惧感及粘连的欲望统统服从于一个外部秩序和至高主权,找到那个超越个人有限经验的绝对真理和宇宙法则的存在,最终结果是他从审美和心理上都走向了上帝……这也可以看成诗人艾略特当年的"时代性"或曰"当代性"吧。没错,在艾略特那里,明显有一个从文学走向哲学又最终走向神学的过程,而这个过程又对他的诗歌写作进行了反哺和馈赠。

中国当代诗歌其实面临一个尴尬境地:世界上所有的杰出诗人都离不开本民族传统的根系,甚至靠挖掘本民族文化潜意识而创作,可是中国百年新诗恰恰是在五四运动打倒中国传统文化并向西方倾心学习的背景下才起步和成长的。那么,对于现代汉语诗人,传统究竟是什么呢?东方文化源头和西方文化源头,二者在至高处的相交点或交汇点又在哪里呢?作为一个现代汉语诗人,是不是也应该找到属于自己的东科克和小吉丁?

我的最后一站是利兹大学。那是诗人生前最后一次演讲的地方，图书馆里存有艾略特的近两百封亲笔信。他的第二任妻子是利兹人，在生命最后几年，他常到岳母家度假。

火车又从伦敦一路向北，驶往约克郡。车窗外是英格兰的微雨的秋野，灰云有些低，牧场上黑头羊在埋头吃草。随身背着的那些艾略特的诗，因源于隐秘的个人感受而略显晦涩的某些部分似乎变得明朗起来。那些修辞正从纸页上站立起来，成为一场行动。那个伟大诗人的魂魄依然萦绕在英吉利海峡上空和奔宁山脉间，那伦敦腔的诗句仍然飘荡着，在清晨，在黄昏。

2020 年 7 月

奥登的诗里，我最喜欢的还是他的悼念诗或者说悼亡诗，写得真是好。再说他的悼亡诗中我最喜欢的，一首是写于 1936 年的《葬礼蓝调》，一首是写于 1939 年的《悼念叶芝》。当然，我知道他还写过像《悼念托勒尔》《悼念弗洛伊德》之类，也都很不错。奥登写悼亡诗的本领真是大。其中叶芝、托勒尔和弗洛伊德全都死于1939 年，奥登的这三首或长或短的哀歌分别写于 1939年的 1 月、5 月、9 月。那年奥登写悼亡诗写得好忙。

重点谈一谈《葬礼蓝调》，顺便简单地谈一下《悼念叶芝》。

请允许我把《葬礼蓝调》的汉译版本和英文原版一起列出来，对照着读。我认为这个汉译版本翻译得足够好，当然直接去读英文原版，可以读出更多的妙处来。

停止所有的时钟，切断电话

给狗一块浓汁的骨头，让他别叫

喑哑了钢琴，随着低沉的鼓

抬出灵柩，让哀悼者前来。

让直升机在头顶悲旋

在天空狂草着信息他已逝去，

把黑纱系在信鸽的白颈，

让交通员戴上黑色的手套。

他曾经是我的东，我的西，我的南，我的北，

我的工作天，我的休息日，

我的正午，我的夜半，我的话语，我的歌吟，

我以为爱可以不朽：我错了。

不再需要星星，把每一颗都摘掉，

把月亮包起，拆除太阳，

倾泻大海，扫除森林；

因为什么也不会，再有意味。

（娜斯 译）

　　而朗读这首诗，必须用英文，要读出声来，才能真
正体会出它那悲伤的乐感和深沉的节奏。美国电影《四

个婚礼和一个葬礼》，借一个剧中人致悼词的机会插入
了这首 W.H. 奥登的诗，借以献给剧中人的那位刚刚死去
的同性恋情人。而这首诗的英文版，我听过很多人的朗
读，朗读得最好的，还是人称"抖森"的英国演员汤姆·希
德勒斯顿。

这首诗的英文版如下：

Funeral Blues

By W.H.Auden

Stop all the clocks, cut off the telephone，
Prevent the dog from barking with a juicy
　bone，
Silence the pianos and with muffled drum
Bring out the coffin, let the mourners come.

Let aeroplanes circle moaning overhead
Scribbling on the sky the message He Is Dead,
Put crepe bows round the white necks of the
　public doves,
Let the traffic policemen wear black cotton
　gloves.

He was my North, my South, my East and West,

My working week and my Sunday rest,

My noon, my midnight, my talk, my song;

I thought that love would last for ever:

 I was wrong.

The stars are not wanted now; put out every one:

Pack up the moon and dismantle the sun;

Pour away the ocean and sweep up the wood:

For nothing now can ever come to any good.

　　多年以来，我对这首诗的来源和写作对象充满疑问。
很多资料都说这首诗是奥登写给比他小十四岁的同性恋
情人切斯特·卡尔曼的。可是这怎么可能？奥登死于
1973 年，而卡尔曼死于 1975 年。就算写悼念诗，也应该
是卡尔曼写给奥登才对。奥登在卡尔曼还活着的时候就
提前为他写下了悼亡诗吗？退一万步说，即使有未死而
先写死的风俗，也不可能写得这样真切，这首诗可不像
没有个人经验写出来的。后来我转念又想，会不会还有
一种可能：遭到对方背叛，就权当他已死，并为他送葬？
这样想好像也不对。所以，应该倾向于是写给卡尔曼之
外的人的，此诗所定的对象另有他人。当然是男人，诗

中明确出现了 He，是他，而不是她。再后来，我终于搞明白了，这首诗的早期版本或说未定稿或说蓝本最初出现于 1936 年，而奥登是在离英赴美之后的 1939 年才认识卡尔曼并决定与其共度余生的。所以，这首诗无论如何也不可能是写给卡尔曼的，它与卡尔曼无关。

确切地说，写作这首诗时，奥登还在英国，是他与时为其同性恋情人的衣修伍德在 1936 年合作并出版的诗剧《攀登 F6》里面的一首诗。这部诗剧于 1937 年年初在伦敦上演过，这首诗出现在该诗剧的尾声。剧中人物在暴风雪的山巅处于昏迷状态，赢得神秘人物的帮助，却致使自己的兄弟死去。就在这时，剧中的两个旁观者献上了此诗。也就是说，这首诗在诗剧中原本没有什么爱情相关的题材，也并不是我们现在看到的这个模样，而是分为五个自然段，还涉及一些与攀登有关的内容。后来，奥登将诗中的前两个自然段原封不动地保留了下来，又增补上另外两个自然段——那是带着近乎"爱情"的缠绵和绝望之内容的两个自然段——这才有了如今我们读到的这个版本。不久，这首作为独立诗而定稿的《葬礼蓝调》又被奥登收入组诗《献给海德丽·安德森小姐的四首卡巴莱曲》，谱上了曲子，由女声来歌吟。由此可见，这首诗里假定中的那个抒情主人公，既可以是男人也可以是女人。当然，由于作者奥登是男人，再加上他的性取向，以及诗中直接点出了抒情对象是"He"，那么这首诗自然而然就很容易被认为是男人写给男人的，甚至是写给同性恋情人的。这样来思考问题，应该也不会太错。毫无疑问，后来将这首诗插入剧中的那部著名电影，对这种认知的扩散则又起到了推波助澜的作用。

1940 年，这组由四首诗构成的《卡巴莱曲》组诗被收入进了诗集 Another Time，这是奥登定居美国后出版的第一本诗集。现在我的手里正拿着这本英文版诗集，是一个为费伯－费伯出版社成立九十周年而制作的特别纪念版本，这首《葬礼蓝调》在组诗中排第三首。

从内容上看，这首诗的第一自然段由户内写到了户外，连续使用了好几个以动词为开头引出的祈使句——表示命令，表示必须，要求营造出一个安静和肃穆的氛围。为什么？因为葬礼马上就要开始了——这个自然段一上来就奠定了全诗深沉的基调。第二自然段，完全到了户外，同样使用动词引领出祈使句，调子变得有些激昂。直升机、天空、信鸽、交通员这些原本跟死者和葬礼没有关系的外界客观事物，由于抒情主人公的悲恸而带上了强烈的主观色彩，它们竟成了为这场葬礼而存在、为这场葬礼而专门预备的素材。它们以死者为关注焦点，与抒情主人公一起哀鸣，仿佛整个世界都被布置成了灵堂。第三自然段仿佛暂时脱离了葬礼现场，或者从高远之处望着葬礼现场，似乎是从天外传来的一段独白或者画外音。诗人直抒胸臆，交代死者对于自己有多么重要，用方向概念、时间概念、噪音概念等不厌其烦甚至有些啰唆地强调这个人对于"我"的重要性，无非是想说——他是"我"生命的全部。然而，接着忽然来了一句"我以为爱可以不朽：我错了"，这里出现了一个巨大的转折——死亡成为真正的第三者，横插到他们中间来，把两人隔开了，从此生死两茫茫，以至于让"我"对爱的看法发生了改变，对过去的价值观产生了怀疑：是的，你的离去，足以让我开始怀疑人生。这个第三自然段是全诗最哀伤的部分，把丧失感表达得无以复加。第四自然段，又恢复到像前两个自然段那样连续使用一系列动词引出的祈使句，诗人进一步写自己痛失挚爱的悲恸，并使这种悲恸中渐渐加大的压强到达极致，从整个外部世界扩展至全宇宙。是爱也，动太阳而移群星——丧失此爱之后的悲恸，同样也动太阳而移群星。这个自然段通过写一些在客观世界里不可能发生、不可能办到的事情，表达抒情主体极端而真实的感受，进一步强调死者对自己的重要性及自己的丧失之巨、损失之大，甚至使诗人产生了要对宇宙里的其他星球实施暴力的念头。就这样，诗人在全诗最后将个人的悲痛情绪推向了顶点，导致出现类似躁狂的情绪，而后又转向低沉，承认对于自己来说宇宙已经失去了存在意义。

从形式上看，这首诗也很有特点。它在听觉上的音乐性及它的听觉想象力与欲表达内容之间的关联，都是很值得探究的。

首先，除了第四自然段的第一、二两句之外，诗中各自然段里的第一句与第二句、第三句与第四句，各自都押着尾韵。比如，telephone 与 bone，drum 与 come，overhead 与 dead，doves 与 gloves，west 与 rest，song 与 wrong，wood 与 good。

其次，这首《葬礼蓝调》大量使用单音节词。英语单词的音节一般由元音和辅音组成，至少要有一个元音才可以构成一个音节，而每一个音节里都要有元音，因此一个单词里有几个元音就有几个音节。诗人在这首诗里很少使用多音节词，而是大量地使用了单音节词。布罗茨基曾经在讲到英语的特点时特别提及这种单音节词所起到的音响效果。他认为，"音步越短，加在每个字母、每个停顿和每个逗号上的压力就越大"。在这首《葬礼蓝调》中，大量单音节词的使用，就使得这些连续的、简单的音节十分有力，像"咚、咚、咚"的鼓点一样，敲击在读者的心脏上并引起回音。读者的心脏不得不跟着这单一而结实的节奏一起跳动，加大了这首死亡之诗的凝重意味，增强了其中的悲痛感。这当然不会是诗人的有意选择，而只能是诗人的情绪状态下意识调整到这个节奏和频率上，从而自动形成的。另外，在这些单音节的单词之中，似乎含 o 的单词特别多。一眼望去，确实会在这首诗的英文原版中看到很多很多的 o，在视觉上很明显，这些 o 的发音往往都是很明显的元音，规则发音一般为 [əu]、[ɔ]、[ʌ]，偶尔会有不规则发音 [ɔ:]、[ə] 等。这些明显的元音发音，在听觉上都是比较响亮的，增强了诗句的音响效果。

再次，第一、二、四自然段的诗节，都连续使用了大量及物动词导引出一系列的祈使句，这种不是排比句却带有排比语势的句式，开头的动词给每一个句子都施加了压力，表达出诗人情绪的凝重和沉痛。而第四自然段使用的动词与第一、二自然段的动词相比起来，似乎又显得更特殊一些。请看，第四自然段里出现了 put out、pack up、pour away、sweep up 等，这些词语在使用方法上有一个共同特点，就是都由"不及物动词 + 介词"构成相当于及物动词性质的动词短语，比起单纯直接地使用一个及物动词，使用如此结构中包含了两个单词的动词短语，使句子看上去更有方向感。另外，此处使用的这些动词短语里面全都包含着字母"p"——至少有一个"p"，有的还包含了不止一个"p"，它们全都发爆破音 [p]，而爆破音的语音跟第四自然段里要表达的语义之间又有一种内在的隐秘的关联。这一个又一个的爆破音读起来、听上去，有一种要把什么抛弃之感，有豁出去之感，有破罐破摔之感，有大破大立之感。这正好对应此段所表现的那个整体内容，尤其对应这几个动词短语的意思：摘除、包起、拆除、倾泻、扫除，真的是一了百了啊。

即使这首《葬礼蓝调》的蓝本来自诗剧，即使它是分两次改写而成的，都不影响其来自诗人的私人经验。这样一首真切的好诗，如果不凭借个人经验而仅靠虚构是不可能写出来的。诗中的那个"他"，或者说诗人在写这首诗时心中想着的那个"他"，究竟是谁呢？仍然不得而知。

再来看一下 W.H. 奥登的《悼念叶芝》，这里是穆旦的译本：

1

他在严寒的冬天消失了：
小溪已冻结，飞机场几无人迹
积雪模糊了露天的塑像；
水银柱跌进垂死一天的口腔。
呵，所有的仪表都同意
他死的那天是寒冷而又阴暗。

远远离开他的疾病
狼群奔跑过常青的树林，
农家的河没受到时髦码头的诱导；
哀悼的文辞
把诗人的死同他的诗隔开。

但对他说，那不仅是他自己结束，

那也是他最后一个下午，

呵，走动着护士和传言的下午；

他的躯体的各省都叛变了，

他的头脑的广场逃散一空，

寂静侵入到近郊，

他的感觉之流中断：他成了他的爱读者。

如今他被播散到一百个城市，

完全移交给陌生的友情；

他要在另一种林中寻求快乐，

并且在迥异的良心法典下受惩处。

一个死者的文字

要在活人的腑肺间被润色。

但在来日的重大和喧嚣中，

当交易所的捐客像野兽一般咆哮，

当穷人承受着他们相当习惯的苦痛，

当每人在自我的囚室里几乎自信是自由的，

有个千把人会想到这一天，

仿佛在这天曾做了稍稍不寻常的事情。

呵，所有的仪表都同意，

他死的那天是寒冷而又阴暗。

2

你像我们一样蠢；可是你的才赋
却超越这一切：贵妇的教堂，肉体的
衰颓，你自己；爱尔兰刺伤你发为诗歌，
但爱尔兰的疯狂和气候依旧，
因为诗无济于事：它永生于
它辞句的谷中，而官吏绝不到
那里去干预；"孤立"和热闹的"悲伤"
本是我们信赖并死守的粗野的城，
它就从这片牧场流向南方；它存在着，
是现象的一种方式，是一个出口。

3

泥土呵，请接纳一个贵宾，
威廉·叶芝已永远安寝：
让这爱尔兰的器皿歇下，
既然它的诗已尽倾洒。

时间对勇敢和天真的人
可以表示不能容忍，
也可以在一个星期里，

漠然对待一个美的躯体，

却崇拜语言，把每个
使语言常活的人都宽赦，
还宽赦懦弱和自负
把荣耀都向他们献出。

时间以这样奇怪的诡辩
原谅了吉卜林和他的观点，
还将原谅保尔·克劳德，
原谅他写得比较出色。

黑略的恶梦把一切笼罩，
欧洲所有的恶犬在吠叫，
尚存的国家在等待，
各为自己的恨所隔开；

智能所受的耻辱
从每个人的脸上透露，
而怜悯底海洋已歇，
在每只眼里锁住和冻结。

跟去吧，诗人，跟在后面，

直到黑夜之深渊，
用你无拘束的声音
仍旧劝我们要欢欣；

靠耕耘一片诗田
把诅咒变为葡萄园，
在苦难的欢腾中
歌唱着人的不成功；

从心灵的一片沙漠
让治疗的泉水喷射，
在他的岁月的监狱里
教给自由人如何赞誉。

这首《悼念叶芝》共包含了三大部分。

在第一部分和第二部分，每一个自然段或者说每一诗节里的行数都是不固定的，都是相对的自由诗体。而且与第三部分比较，前面两部分的每一行诗句都显得较长，单词量较多，无论汉译版还是英文原版均是如此。这两部分相对散漫或者说散淡的形式，是为了表达出作者对前辈诗人离去的感性的悲伤，以及对叶芝个人生活有所涉及的评判和在诗学上对叶芝由推崇而后又批判的复杂态度，同时也是在反思自我。

"呵，所有的仪表都同意 / 他死的那天是寒冷而又阴暗。"这两行诗句在第一部分首尾各出现了两遍。作者把对死讯的主客观感受归结为阴冷，却不肯直接拿自己身体来表述，而是让温度计和其他什么测量仪器去替他承担下来，并且借着它们来讲述。作者不肯说那个诗人死了、身体各个器官衰竭了、引起了脑死亡、失去了意识等等，他既不使用医学术语也不使用日常生活中的一般性表达方式，而是运用口语却写出了意味："他的躯体的各省都叛变了，/ 他的头脑的广场逃散一空"，是的，作者把那个死去的诗人当成一个国家来写，当成一座城市来写，既形象生动又气势恢宏，真的没有谁比奥登更会写悼念之诗了。

"因为诗无济于事"，这一句，在有的版本里被译成"诗歌不会使任何事情发生"。我觉得后面这个译法比穆旦的译法更口语化，也更生动、更容易理解吧。这是奥登对叶芝同时也是对自己诗歌写作的思考。诗歌之于现实，介入还是不介入？怎样介入又不损害诗歌本身？

到了第三部分，则变成了每一个自然段的诗节都使用四行诗体，共用了九段四行诗体。同时，相对于第一部分和第二部分，这第三部分每一行的句子都变短了，单词量变少，汉译版和英语原版均是这样的情形。似乎在以这样整齐且短促的诗句来暗示送葬死者的仪式感和庄严感，同时作者也想为这些诗句增加一些道德感，并且联系欧洲时局来进行思考。对于叶芝诗歌的"介入"方式与诗歌内在本质之间，在更高意义上，似乎经由反思而达成了调停甚至和解，进而认识到让诗人获得永恒的应该只是语言，而不会是其他行为。语言会活过时间，即使诗人有不当之处，时间终会特赦并宠幸那些像叶芝一样让诗歌文本流传下去的诗人。当然，在诗歌第三部分全部改用四行体诗，或许还有另外的缘由，就是奥登有可能是想用这种叶芝早期最常使用的四行诗体的音步，来向叶芝致敬吧。

"靠耕耘一片诗田／把诅咒变为葡萄园"，这句大概是写诗歌和诗人的使命吧。这里的"诅咒"指的是人类存在尤其是个体生存中的各种各样的不公正、被异化，以及自身局限性等诸多苦难。而诗人的任务是什么？是要主动面对这些苦难，甚至以这些苦难为代价，运用自己的才华将它们重新组合并加以认知，最终将它们升华为一片明亮，甚至成为歌唱和赞美。这似乎应了哲学家克尔凯郭尔对诗人的定义："诗人是这样的人：他的心中深藏着剧痛，而当叹息和哭泣将要涌出时，由于其嘴唇的构造，却使得那些传达出来的内容，听上去竟都变成了美妙的音乐。"

曾经，在伦敦威斯敏斯特教堂（Westminster Abbey，一译为"西敏寺"）诗人角的地板上，我看到过给 W.H.奥登的铭文，正是这首《悼念叶芝》的最末两行：In the prison of his days / Teach the free man how to praise. "在他的岁月的监狱里 / 教给自由人如何赞誉。" 英文原版里明确使用的是 praise，是的，要 praise，哪怕这世界是残损的，也要 praise。 praise 正是诗人揭示事物内核真相、抵抗外部压力和世道贫乏的一种独特方式。这种方式不仅是叶芝的，也是奥登的，是里尔克的，还是扎加耶夫斯基的……我在那个"诗人角"大有感慨。诗人活着的时候所写的悼念他人的诗句，在他死后又被拿来悼念他自己。当初他在为别人写下这些句子时，潜意识里也未必不是写给他本人的吧。

在随意的诗歌阅读过程中，不知不觉地，我发现了一件很有意思的事情。在 W.H. 奥登写了《悼念叶芝》之后，布罗茨基又高度模仿着奥登的风格，写下了一首悼念 T.S. 艾略特的诗——《艾略特之死》。后来布罗茨基去世了，谢默斯·希尼又模仿奥登，写了一首悼念布罗茨基的诗，标题干脆就叫《仿奥登——悼念布罗茨基》。那么后来呢，希尼又死掉了，有没有一个大诗人模仿奥登的风格，给大诗人希尼写一首悼念诗呢？

在这个过程中，有一根链条似乎是断裂的，即布罗茨基似乎没有模仿奥登的悼念诗风格为奥登本人写过悼念诗。这个看似断开的环节，其实并没有断开——布罗茨基在奥登死去十年之后，以《取悦一个影子》《论 W.H. 奥登的〈1939 年 9 月 1 日〉》等长散文、长演讲稿来隆重地纪念他。

　　暂时抛开布罗茨基如何悼念奥登不提。其实，早在奥登去世之前的 1965 年，才二十四岁的布罗茨基在苏联生活。他悼念艾略特时，就以"高仿"的形式，几乎重现了诗坛前辈奥登《悼叶芝》的风格与口气。这算是在悼念一位死去的大诗人时，顺便向一个还健在的曾以诗悼念另外一位前辈大诗人的大诗人致敬了吧——这样说起来，实在有些拗口，是不是？但情形就是如此，非拗口不足以表达出完整的意思，这像俄罗斯套娃般一层层的意思。

　　布罗茨基的成名之作就是悼念之作——1963 年，刚刚二十出头的他就写出了《悼念约翰·邓》。后来他当然又写了不少这样那样的悼念哀歌。其中，他在 1965 年写出的悼念之诗《艾略特之死》，对奥登的《悼念叶芝》模拟得实在是太惟妙惟肖了，以至于我读它的时候，恨不得自作主张给它加上一个副标题"仿奥登"或者"拟奥登"。

　　信手拈来，随意地做一下对比吧。对比奥登《悼念叶芝》的第一部分的第一自然段，布罗茨基的《艾略特之死》第一部分的第一自然段是这样的，只要拿眼睛扫一遍，不加解释，即可明了：

　　他死于一月，一年之始。

灯光下是入口处的严寒。

大自然还未能向他展示自己

引人入胜的芭蕾舞群舞。

由于下雪玻璃上已经结冰。

灯光下是寒冬的喉舌。

十字街头的水洼冻成了冰。

他则用岁月的链锁把门锁上。

　　无论句子的思维方向还是思维顺序，甚至那"寒冬的喉舌""岁月的链锁"，都足以说明一切。

　　再对比两首诗的第二部分。随意举一个句子为例——奥登在《悼念叶芝》里写："爱尔兰刺伤你为诗歌，／但爱尔兰的疯狂和气候依旧"；布罗茨基在《艾略特之死》中几乎同样的位置也提及国度，这样写道："他出生的国度美国，唉，／和他死去的国度英国，／低下无精打采的面庞……"

　　再对比第三部分。布罗茨基学习奥登，在前面第一部分、第二部分用了行数不定的自由体式且每行句子稍长，而在第三部分的每个自然段，都使用了四行诗体且每行句子都变得短促。

　　在内容上，布罗茨基也是在这第一部分和第二部分谈及艾略特的私人生活、信仰及诗学追求，同时勉励着自己，还提及"时间"的意义。

除去所有这一切，更重要的是，在布罗茨基的这首诗里，很多句子连口气和语态都像奥登，带着浓重的奥登味儿。

布罗茨基在自己的文章里交代过他年轻时阅读奥登的一部分情形。年轻的布罗茨基从一本英国诗选里读到奥登这首《悼念叶芝》，他一下子就被迷住，被震住了。那时候他的周围没有什么人物死去，来给他提供写哀歌的机会，所以他只好去写那些离自己很远的人物。据说，年轻的布罗茨基有一天大概是从什么电台里辗转得知了艾略特的死，于是就给遥远的艾略特写了一首哀歌。由此可见，当布罗茨基写这首《艾略特之死》时，实际上已经把写《悼念叶芝》的奥登当成了自己创作道路上的路标，也许还是第一个路标。他甚至还嫌不够，直接宣称：如果有人说我正在模仿奥登，那也是我的光荣。好吧，这已经是一种不加掩饰的热爱。诗人已经横下一条心，要用这种方式向他最热爱的诗人致敬，谁也阻拦不了！

不同于布罗茨基，谢默斯·希尼则直接把对奥登的模仿之意明明白白地放在了诗歌标题中——《仿奥登——悼念布罗茨基》。他竭力模仿奥登在《悼念叶芝》这首诗中的口吻，却把悲伤掩盖在反讽之下，一上来就在短短几行诗句里把写这首诗的人——他自己与布罗茨基、奥登、叶芝，甚至还包括一个隐形的艾略特放在了一起，五个大诗人隔着时空在同一个诗节里相聚了：

是的，约瑟夫，你懂得那节奏。

威斯坦·奥登的韵脚

遵照它行进，轻重交替，

让威廉·叶芝安息。

看来，奥登写叶芝的话"一个死者的文字 / 要在活人的腑肺间被润色"，同样也适用于奥登自己。单单是他的这首《悼念叶芝》，就已经被一个又一个后来的大诗人们拿去效仿，以诗悼念别的同行，真正实现了文字"在活人的腑肺间被润色"的过程。

这个由 W.H. 奥登引起并自动形成的悼念诗链条很有意思。奥登那带着强烈个人风格的悼念诗，无形中竟成了一根接力棒，一个传给一个，往下传递，专被一个大诗人用来悼念另一个大诗人。

2021 年 4 月

寻找普拉斯，寻找特德·休斯

　　记得某个冬季的一天，整整一天我都心情抑郁。窗外零下 13℃，西北风 4~5 级，气压偏低，有雨夹雪。如此阴冷之日，我开讲西尔维亚·普拉斯。在分居办理离婚手续期间，她开煤气自杀，那一年的冬天是伦敦最冷的冬天。她的死，一直以来，都像一束强光刺痛着我们庸常的神经。在讲课过程中，我情不自禁地说了一句要冒犯天下所有男诗人的话："女生们，注意了，将来不要找男诗人结婚。"

　　下课后，我缩在校车一角，望着窗外灰蒙蒙的街市，浑身无力。普拉斯死的那天，应该也是这样一个没有阳光、了无生趣的三九寒天。这样的天气是一个负面的暗示，是一种不好的鼓励。等下了校车，回到家中，锅灶冰冷，我饿着肚子倒在床上，一动不动，万念俱灰，感到自己的情绪正临着一个警戒线，处于某种危险的边缘。那本厚厚的西尔维亚·普拉斯诗选就放在写字台上，我只要稍一侧身，就能远远地望见它的封面和书脊，上面"Sylvia Plath"是用鲜红的美术字体印出来的，衬在洁白纸页的背景之上，这使我联想起关于她的那部电影——她自杀以后，被抬出寓所，背景是伦敦的茫茫白雪，她身上覆盖着一块鲜红的布，那是她最喜欢的颜色，是血的颜色，是生命也是死亡。此刻这本哈珀出版社出版的诗集的封面似乎在重现那样一个临终的特写镜头。

抛开性别立场，抛开什么男权和女权，仅仅从文本来看，我并不见得多么喜欢这个女诗人的诗。我一直觉得她诗中的意象过于繁杂凌乱，反倒觉得她丈夫特德·休斯的诗更在她之上。这可能与我个人的口味有关。普拉斯是粘连、纠缠和抑郁的天蝎座，其诗歌是属于重暗示和内倾型的；休斯是霸气、奔放和大大咧咧的狮子座，其诗意总体是属于扩张型的。我是一个明亮和憨直的射手座，毫无疑问，我与后者的气息更相合。可是普拉斯对死亡的决绝的选择，一直让我心中发紧，使我呼吸急促，不敢轻易发言。她已经以她的死超越了诗歌，她的命运给人们造成的冲击比诗篇所造成的冲击更大，或者说她的命运与诗歌原本一体，无法分开来谈论。她以死亡参与了创作，她的死是她的诗歌不可分割的一部分。这样说并没有贬低她的意思，也许这正是她高于其他诗人的地方。那天剩下的时间里，天气持续阴冷，呈死灰色，像患了绝症的人的脸。我的情绪也一直沉浸在早上上课讲这个女诗人所带来的副作用之中。我劝自己，等太阳出来，情绪或许就会好起来的。还有，以后应该刻意选择春光明媚或秋高气爽的日子来讲她——在恶劣天气里来讲这样一个命运阴冷的诗人，无异于雪上加霜。

然而，又过了一些年，确切地说，在 2019 年，我竟在一个阴雨连绵的秋日，独自去拜访了普拉斯在英格兰西约克郡的墓地，在她的墓前默念她的诗。这比起在遥远的中国选择于严寒冬日在课堂上讲解她的诗，其阴郁和黑暗的程度，简直有过之而无不及。

我一大早就出发，从曼彻斯特奔赴哈利法克斯市的海伯登桥镇（Hebden Bridge，或译为赫布登布里奇镇）。这是西约克郡的一个古老的磨坊镇子，在这个镇子外面，我有两个村子要去访问，一个是西尔维亚·普拉斯墓地所在的赫普顿斯塔尔（Heptonstall），一个是特德·休斯度过童年并留有故居的米索尔姆洛伊德（Mytholmroyd）。

普拉斯埋在那个村子里的原因，大约是 20 世纪 60 年代夫妻二人曾经在这个村子附近居住过。还有，据说，如果我那来自阅读的记忆没有出错的话，特德·休斯的家人——比如休斯那位从来都不喜欢普拉斯的姐姐——就住在这一带。

在去往赫普顿斯塔尔村的路上，我的脑子里一直回想着的其实不是普拉斯的那些直接写死亡的诗篇，而是一首写蜜蜂的诗——《蜂箱送到》。这是英格兰的秋天，沿途看到黑头羊在埋头吃草，零星野花开在起伏的原野上，想必这时节还是有蜜蜂的吧。

　　1961 年，居住在德文郡的普拉斯开始养蜂了。到了 1962 年，她仍然热衷于养蜂。她有自己的蜂巢，并为自制的瓶装蜂蜜及被蜜蜂刺蛰而感到自豪。

　　　　这是我订购的，一口干净的木箱

　　　　椅子般方方正正，重，几乎难以搬起。

　　　　想说这是一个侏儒的棺材，

　　　　一个很结实的婴孩，

　　　　可它里面有翻了天的喧嚣。

　　　　箱子锁着，它很危险。

　　　　我必须忍着它，过一夜，

　　　　可我无法离开它。

　　　　没有窗子，所以我看不到里面有什么。

　　　　只有一个小小的栅格，没有出口。

　　　　我眼睛贴着栅格。

　　　　很黑，很黑，

感觉是蠕动的贩运出境的非洲人

细小干瘪的手，

黑上加黑，愤怒地攀爬。

我如何才能把它们放出去？

最令我抓狂的是那噪音，

那么多听不清的音节。

好像一群罗马愚民，

单个地看，很小，可是聚集一起，天呐！

我耳听狂怒的拉丁语。

我不是凯撒。

我真的是订购了一箱躁狂病人。

可以退回。

可以任它们死掉，只要不喂食物，我是主人。

我在想它们有多饿。

我在想如果我打开锁、退后、化为一棵树，

它们会不会忘记我。

那儿有金链花树，垂下金黄的廊柱，

和樱桃似的衬裙。

它们可能立刻忽略我，

我这身月白套装和葬礼面纱。

我又不是蜂蜜的源泉，

它们为何还要冲我而来？

明天，我将做遂人心愿的上帝，还它们自由。

箱子，只是暂时的。

1962 年 10 月 4 日

（得一忘二 译）

　　诗人的"蜜蜂组诗"是 1962 年在同一星期中写出的
五首与蜜蜂有关的诗，包括《养蜂会》《蜂箱送到》《蜂蛰》
《蜂群》《越冬》。五首中，我最喜欢这首《蜂箱送到》。
我想最喜欢这首诗的原因之一，可能是它是其中最明晰、
最单纯的一首。似乎研究者们一向更看重并反复诠释着
其他几首蜜蜂诗，尤其是关于工蜂、蜂王、养蜂人及其
中其他意象与现实生活中人、事、物间那种刻意而烦琐
的对应关系。我承认这让我感到不耐烦。把诗搞成暗号、
符号学和密电码，根据蛛丝马迹来破案的解读方式，我
承认很有道理，可以解读得深刻也可能很正确，但同时
也可以令人不舒服——过分地把诗往某种理念上拖拽，

即使拖拽的方向没错，在增加疲惫感的同时，也减少了阅读的愉悦和快感。

普拉斯在写这五首"蜜蜂组诗"之前，她的《悼诗》《杜鹃花路上的伊莱克特拉》《养蜂人的女儿》等多多少少都提及蜜蜂，对蜜蜂意象有着不同程度的涉及，而这些诗中的蜜蜂，全都与诗人那身为从事蜜蜂研究的昆虫学教授的父亲及其死亡有关联。蜜蜂，只是早逝的父亲留给年幼的女儿的一个符号而已。她提及蜜蜂的黑色和金色条纹、橙色和金色条纹，当然还有蜂巢上像手指一样狭窄的洞口和洞口中的眼睛。但是，我已经听够了用"恋父""弑父"和"身份焦虑"等概念来解释这些诗里面对于父亲死亡的愧疚及她对父亲的复杂态度。好像使用这些既定理论来套路普拉斯，并推论出她必定走向自杀而亡的那个心灵内核，大家就可以一劳永逸了——这俨然一个居高临下的权威专家鉴定，永远不可更改。这些"天王盖地虎"式的概念其实构成了一个"政治正确"的"舒适圈"，在这个圈里待着就很有理论保障。真是一夫当关万夫莫开，无往而不胜，离开它便意味着无所依傍和不知无措，就会拿普拉斯的诗和普拉斯的死不知道怎么办了。即便普拉斯自己公开宣称过这些理论并用它们来解释自己的作品，后来人也没必要总是照猫画虎下去。诗人的创作与诗人的创作谈之间究竟是怎么回事，有创作经验的人想必心中都清楚一二。这种"舒适圈"的理论也正是特德·休斯后来在《生日信札》里为自己进行某种程度上的开脱时所照搬的一种理论。他将普拉斯的"恋父"情结及将此种情结转嫁到其他男人身上，看成间接导致她最终无法实现人格独立从而走向死亡的心理深渊。这等于赋予这个死亡事件以预定论和决定论的成分，而将自己出轨、欺骗和不公正对待妻子等相当大一部分行径隐藏起来。就像他将介入他们夫妇之间的第三者阿霞·维维尔的死因归于犹太人的战争创伤，而不是他自己单方面将她推向为普拉斯之死负全责的耻辱柱的言行一样……总之，这个男人就这样利用流行的高大上的精神分析理论稀里糊涂地将一切灾难都归到无法逃避的命运上了。命运扼住了我们的咽喉，你让我们怎么办啊？强调命运的作用，便使得事件中的每一个人物都显得那么无辜。是的，用弗洛伊德来解释一切，让弗洛伊德来帮忙，从而减轻自己在现实中和精神上对这两个女人实施过男性暴力所应当承担的罪责。这是我喜欢的诗人特德·休斯不够真诚的地方，我不喜欢他这一点。

活下来的人被送至舆论的风口浪尖。相对于死者，活着的人当然也有生者之痛，于是不得不保持沉默多年。但是，活着的人最终还是掌握了话语权和解释权，因为死去的人无法开口说话。当然，相较而言，那个可以写诗的女人虽然已死，毕竟还用她留下来的诗歌作品为自己争取到了部分话语权。而在这个事件中死去的另一个不写作的女人呢，则成了完全的沉默者和隐形人，她自己无法为自己发出任何声音，也无人为她发声。这个事件告诉我们：在爱恨情仇的故事中，无论作为主角还是配角，要争取成为活到最后的那一个，同时一定要会写作。

特德·休斯一向反对写个人化的诗歌题材，而主张把个人经验放置到人类文化传统背景之下，以神话和民间故事等隐喻的方式来处理，期待挖掘出人类的普遍感情；即使万不得已非得从个人私生活中取材不可，也要想方设法回避个人化的裸露。这是他与普拉斯等自白派诗人毫无顾忌展现个人隐私的极端个人化倾向之间存在着极大分歧。但是诡异的是，休斯在生命走向终点时出版的断断续续写了多年的《生日信札》，却恰恰采取了他一向反对的那种坦露个人经历的自白派的方式，他似乎隔着时空用这种对于他来说一反常态的写作方式与前妻"和解"了。

而诗人普拉斯在临终前写的这组"蜜蜂组诗"，几乎跟"父亲"没有什么关系了。她只是借蜜蜂意象表达作为女性个体在现实和精神方面的困境，或者写作这些诗就是诗人寻求答案的过程，可看成一种自助和自救的努力。

我不知道能否把蜜蜂的社会称为女性主义或女权主义社会。蜂王是雌性的，工蜂其实也是雌性的，而雄蜂只有交尾之用，交尾之后不久就得死去。若蜂群遇上食物缺乏或者越冬等困境，雄蜂首先是牺牲者，雌性的工蜂们会主动驱逐或围杀雄蜂，以最大限度地节约能源，使群体得以延续。作为专门研究蜜蜂的昆虫学教授的女儿，普拉斯肯定知晓这些，并且还会从人类学角度和文学角度产生联想。

可以肯定，《蜂箱送到》中写到的蜂群，当然都是工蜂，是尚未发育完全的雌性蜜蜂。于是，整个送到的蜂箱毫无疑问就具有了女性特征或女性色彩。从这个角度，我们当然可以说，这首《蜂箱送到》写出了诗人自己在现实中被围困的状态，代表女性在男权社会中不自由的状态。但是，这首诗也完全可以被扩大理解成所有现代人类的困境。女性的问题没有安排好，是性别本身的问题没有解决好所致，也更是属于人的问题没有解决好所致的——女权同时也是人权。

普拉斯额头上牢牢地粘贴着"女性"和"死亡"两个标志性符号。她的成与败，都由这两个符号造成。如果撕下这两个符号仍然可以理解普拉斯，那么也许普拉斯的真正价值才能更清晰地显现出来。

这首诗写得既压抑又苦闷，还有由压抑和苦闷带来的躁狂。当然，接下来就是对宽广自由的渴望。

还有比养蜂场里的蜂箱更能表达躁狂情形的吗？似乎没有了吧。这蜂箱是什么样子的？"方方正正"，像"棺材"，"锁着"，"很危险"，"栅格，没有出口"，"很黑"，"黑上加黑"，"贩运出境的非洲人"，"那么多听不清的音节"，"狂怒的拉丁语"，"一箱躁狂病人"，"罗马愚民"，还有养蜂人的"葬礼面纱"……蜂箱内部产生出来的是"翻了天的喧嚣"——有一个汉译版本将此句译为"沸反盈天"，也不错。这些描写，已经足够表现躁狂，光选择其中某些字眼和词组来看，便已令人抓狂。

但是，我似乎不愿把这首诗在短短的一个时段内连续阅读上两遍。正如此诗中所写的"单个地看，很小，可是聚集一起，天呐！"这样的情形会激起我强烈的密集恐惧症反应，引起心理和生理上的不适，浑身发痒，有时甚至想跳起来。所有细细小小又密密麻麻的聚集性事物，重复着的孔洞或者颗粒，都能让大多数人难以忍受。我在这方面相当脆弱，能瞬间产生发疯的感觉。比如，遇到一堆产在什么位置的成撮虫卵、按部就班排列着的植物种子，甚至长久地盯着剥开的石榴里头的籽，我都会受不了，甚至有恶心感，更何况那是一群正在蠕动着的一模一样的活物，更何况它们还想往外冲出来呢。想起看过的一部剧中有很多很多蜜蜂围攻一座房子的情节的美国电影，忘了片名叫什么。那场面非常恐怖，蜜蜂遮天蔽日，以致天都黑下来了，房子里的人们命悬一线。那种场面，不仅震撼人心，而且让人头皮发麻。

写这首诗时离她死亡的时间只剩下四个月了。蜜蜂的境遇指向诗人的精神状态，但在诗的结尾，她明确表示这种蜜蜂困在蜂箱里的状态只是暂时的，暗指她终将超越自我而进入自由之境。"我不是凯撒"，"明天，我将做遂人心愿的上帝，还它们自由"。在这首诗中，蜜蜂或者说蜂群就是诗人自己，那要把自由还给蜜蜂的，也是诗人自己。其实，这首诗写出了一个躁狂抑郁症患者在躁狂期的真实感受。她在这首诗中条分缕析并清楚明白地表达出自己身心所存在的问题，她正在对自己进行精神分析。所有能够对自己和他人的精神状态进行精辟分析的人，毫无疑问都是精神出过问题的人，而不会是所谓的精神完全正常者。精神完全健康并不值得夸耀，我怀疑在生活重压之下精神完全正常的人其实就是反应迟钝的人，也可称之为庸常之人。当然，从另一方面来说，做这样一个庸常之人也算是预约了幸福。

躁狂抑郁症的躁狂期实际上是一个极具创造力的阶段。躁狂者会拼命工作，无法放慢速度，灵感迸发，思维活跃，语言表达能力极强以至于造成词语的狂欢，整个人充满活力；在神志正常的基础上，情绪又可以持续处于激越和亢奋的状态，富有感染力，对于从事的项目能超水平发挥，多产或高产，甚至还会产生欣悦。躁狂抑郁症是一种情绪变化多端的双相情感障碍，但躁狂抑郁症也有积极的一面，或者说也有正面的作用，那就是躁狂会促使创造力的洋溢与迸发，甚至超水平发挥。很多天才其实都是躁狂抑郁症患者，躁狂激发并扩大了其身上天才的部分。

如今来看普拉斯留下来的她那些最好的作品，都写于她与丈夫分居准备离婚期间，也就是她死之前的那四个月里。1962 年 10 月成为一个分界线，从那时开始，她的诗歌创作忽然进入冲刺状态。那段时间，她的症状几乎全都符合躁狂症的特征。她总是早醒，凌晨 4 点的时候最富有灵感，一直写到早上 8 点孩子醒来。她疯狂写作，那时她正处于躁狂抑郁症的躁狂期，躁狂大暴发，作品的质和量都呈现出了井喷之势。短短的日子里，她一口气写出来足足有一大本诗集那么多的诗，数量占了她一生诗歌创作的三分之一，而且大都很精彩。她用词语的冲击力来对那个背叛者实施报复，这同时也是把写作当成自我施援和自我救赎的一种手段。

躁狂抑郁症患者中，有的侧重躁狂，有的侧重抑郁，有的则是躁狂和抑郁不规则交替发作，当然二者交替型居大多数。普拉斯无疑属于交替型。当她的躁狂期过去，抑郁期又来临了。抑郁程度持续加重时，她又会转而变成缺少自信，夸大负面因素，缺乏安全感，于是最终还是自杀了。

关闭在蜂箱里的那群聚集成一团的蜜蜂，正是当时普拉斯本人生活和精神状态的写照。躁狂病人似的蜂群——诗人就这样为自己当时的身心境遇找到了一个生动的客观对应物。这些寻找出口的蜜蜂是充满活力的，但这种活力毕竟是一种病态的活力，是一种冲动、好斗、兴奋、敏捷和冒险的癫狂。虽然暂时充满了创造力，能让一个艺术家在短期内创作出很多惊人的好作品，但其终究与悲观、冷漠、厌倦、绝望的抑郁属于同谋，不过是一枚硬币的两面罢了，二者不可截然分开，一不留神就会从一端滑向另一端。从貌似正常到自取灭亡，中间或许只存在一阵恍惚，甚至可以完全没有过渡，直接翻盘。

在密集恐惧症之中，是不是已经潜伏了躁狂症的某种因子呢？诗人或许发现了二者之间微妙的联系，于是就有了这首《蜂箱送到》。

找寻普拉斯的墓不太容易。整个村子在一片山坡上，窄细的道路崎岖上升，两旁大都是那种有着青黑色屋顶及淡褐色墙体的两三层的石头排屋，它们在阴灰潮湿的空气里显得阴森森的。我看到了寒鸦，还有菩提树，似乎还看到了金银花和矢车菊，当然还有花期快要过去的欧石楠。我想一边问路一边找过去，而村里几乎见不到什么人。这里有两座教堂，一座是被风暴毁掉的老教堂废墟，一座是后来重建的新教堂，而普拉斯的墓在新建教堂旁边的那块墓地里。等我找到那座新教堂时，发现它也已经古老得可以了，哥特式的威严和阴沉让人心惊胆战。教堂对面像是一个院落，有敞开的黑色铁栅门，正是一个望过去比较凌乱的半新不旧的墓园。我朝着那些坟墓走去，脚下黑麦草起伏，墓碑在草地上形态各异甚至歪歪扭扭。当走到那一大堆墓碑中间时，我看见了她的墓。她的墓很好辨认，在这个墓园里，只有她的墓前倚着墓碑摆放着花束，还有直接种植到墓床泥土里的花草，而长方形墓床跟她的身材一般颀长。里面大概是当季生长的一种宽叶子、毛茸茸的草本植物，开着细碎的蓝色小花。我认为这种植物应该叫玻璃苣，它从黑色泥土里茂密地生长出来，就像是从她的骨骸中长出来的。墓碑的样式和字迹当然就是我上课时使用过的图片上的样子，用英文写着"纪念西尔维亚·普拉斯·休斯（1932—1963）"，还有那句我早已熟悉的诗句刻在下方："即使在激烈燃烧的火焰中，仍能种下金色的莲花。"这次得以近距离细瞅，Hughes——休斯的姓氏，在那碑上确实有明显地被反复涂抹和雕刻的印记，使得黑色笔画看上去发了白。

在墓园里，我只遇到一个遛狗的男人，等他走后，就只剩下了我自己。

天上依然飘着小雨，雨丝在风中斜斜的。

普拉斯在临死前一遍遍地表示："我要成为我自己的女人"，"我要成为我自己"，要"长大"，同时还这样那样具体地安排着各种事情，一副要开始新生活的气象。但，最终她还是没能走出性别的、个人尊严的、文学的、经济的及心理上的失败主义怪圈。她把自己冷冻在由那个时代和由她个人为女人所设置的"钟形罩"里，窒息，没过几天就自杀了。

我在那座墓前坐了大约二十分钟。我在心里对着那墓碑说，我用汉语读一首你的诗给你听吧。于是我读了那首《边缘》。这应该是她人生最后一首诗，写于1963年2月5日，而2月11日她就开煤气自杀了。在这最后的一首诗里，她站在第三方的立场上，想象了自己的死。

　　这个女人尽善尽美了，
　　她的死

　　尸体带着圆满的微笑，
　　一种希腊式的悲剧结局

在她长裙的褶缝上幻现
她赤裸的

双脚像是在诉说
我们来自远方，现在到站了。

每一个死去的孩子都蜷缩着，像一窝白蛇
各自有一个小小的

早已空荡荡的牛奶罐。
它把他们

搂进怀抱，就像玫瑰花
合上花瓣，在花园里

僵冷，死之光
从甜美、纵深的喉管里溢出芬芳。

月亮已无哀可悲，
从她的骨缝射出凝睇。

它已习惯于这种事情。

黑色长裙缓缓拖拽，窸窸作响。

（赵琼、岛子 译）

　　这首诗的英文原版，标题是 Edge，这个单词有"边缘""边线""刀刃""临界点"的意思，尤其指渐渐移动着靠近灾难的边缘。第一节中的"尽善尽美"，原版中用的是"is perfected"，这里使用了及物动词 perfect（"使完美""使完善""使完备"），既带有被动意味，又兼具过去分词和形容词性质，作为句子的表语，而不是直接用原本就为形容词的 perfect（"完美的""完备的""完全的"）。这样做的原因当然是为了让这个句子具有方向感和行动力，表示从原来的不完美、不完善、不完备走向了如今的完美、完善、完备。那么，其间发生了什么呢？于是这样就强调了行动——让这个女人死去的具体行动。第二节"圆满的微笑"，原版是"the smile of accomplishment"。accomplish 作为"完成"这个动作之意时，常常指完成指派的任务、工作或者作业。那么，诗中的这个女人刚刚完成了谁交付给她的一项任务或工作呢？这句诗没有用动词 accomplish（"完成"）这个词的其他词形，而是选用 accomplishment（"成就""成绩""完成"）这个名词形式放在后面作为定语，修饰前面的 smile，强调事情已经发生、任务已经完成、使命已经达成之后的那个状态，是承接上一节那个 perfect 行动之后的一种大功告成，充满了成就感。为了更进一步地表达完成之后的满意度，诗人在下一节又借"赤裸的双脚"之语来说"我们来自远方，现在到站了"，强调走了很远的路，这次终于抵达了目的地，这个目的地就是死亡的结局。这个句子的英文原版可能更生动一些：We have come so far, it is over. 多么直截了当，it is over——一切都结束了，一切都完了。

这种一上来就高调宣称尽善尽美的成就感，使得这首直面死亡的诗不但不悲戚，反而呈现出一种反常的喜气洋洋来，似乎在庆幸终于了却一桩心愿，把大事给做成了。所以，下面又出现了"玫瑰花""甜美""芬芳""无哀可悲"这样的词语。死后的这个女人有可能或者似乎又变回去了，成了幼小的孩童模样，有牛奶罐和玫瑰花陪伴着。或者，请允许我大胆猜想一下，这里，有没有另外一种可能呢——诗人在写作此诗时，有一刹那，也许曾经出现过幻觉或产生出幻想，自己死亡时把两个幼儿也一起带走了，母子永不分离……"它把他们 // 搂进怀抱，就像玫瑰花 / 合上花瓣，在花园里"，写到这里，诗人一定联想到了自己那两个可能正在熟睡的幼儿，一个两岁，一个半岁。诗中的死亡，除了充满尽善尽美的

-105-

成就感之外，无论是"希腊式的悲剧结局"还是"黑色长裙缓缓拖拽，窸窸作响"，读来都是显得庄严的，充满了仪式感和神秘感。

这首诗中之所以写死亡而没有一丝悲戚，还能在冷静和客观的态度里想象死之甜美，关键在于诗人把自己分成了两个自我：一个已经死去的自我，一个还活着还能思考并进行判断的自我。女诗人就这样成为她自己死亡的旁观者，认真地观看甚至观摩着自己的死亡，隔开一段距离欣赏自己的尸体。当然，在这首诗中，为了更有说服力，她还安置了另一个旁观者——月亮。月亮也在"凝睇"着这个死去的女人的尸体。月光是冷盈的，一副超然物外的姿态，没有什么可悲哀的——无所作为或者说无可奈何吧。

我注意到诗中其他地方用的人称代词是"她"，而在第六节和第十节中却变成了"它"。我核查此诗的英文原版，发现这两个地方用的其实仍然是 she，那么，这是我使用的版本出现了印刷错误还是译者的笔下误？于是我静下心来，再次通读英文全诗，发现也只有第六节和第十节这两个地方出现了"she"，全诗其他地方没有用到过"she"，用的全是"her"。汉译之后的"她"字，在英文原版中其实全是所有格"her"（她的），也就是说，译者将英文原版诗中的"her"都译成了汉语的"她"

即具体语境中的"她的"——她的死,她的赤裸的双脚,她的骨缝,她的黑色长裙。当提及她的什么东西时,这些东西当然也曾属于活着的那个她……而与此同时,译者又将英文原版诗中出现的两个"she"翻译成了汉语中的"它",而不是"她",这两处正好写到尸体。所以,我认为这应该是译者有意为之。想了一下,这样根据诗中具体情况来做的小小改动是好的,表达的语义更明晰了,起到了两个效果:一是将那个假想中的活着的旁观者与已经成为"他者"的尸体分开了,"它"指的是那个失去生命的尸体,于是就在生与死之间画了一条界线;二是这样可以更好地表达出诗人或者旁观者在面对死亡时既客观又超然的态度吧。

这首诗的最后一节说"它已习惯于这种事情",这几乎是在呼应诗人自己另外一首诗里的内容:"死/是一种艺术,像一切其他的东西。/我干这个非常在行。"写《边缘》这首诗的三个多月之前,诗人写了那首后来众所周知的《拉撒路夫人》。《边缘》里的成就感和欣悦感也许正是来自《拉撒路夫人》里对"出死入生"的认知——死亡对应着复活。拉撒路是《圣经》里记载的人物,他病危时没等到耶稣赶来救治就死了,死了四天之后,耶稣才来,他对那埋人的山洞大喊:"拉撒路出来!"拉撒路果然走出来,复活了。这是耶稣行的一个神迹。诗人称自己为拉撒路夫人，认为自己是一个女拉撒路。普拉斯在诗中将她的个人经验与这个《圣经》人物的经历交织在一起来写，写了自己有过的濒死体验并且期望能像拉撒路那样死去再复活，从而获得新生。她想用死亡的方式来进行创造，由此超越自我，也许是为了获得一个让自己更满意的、更好的生命，也许是一个相对来说痛苦更少一些的生命吧。

　　跳出诗歌文本来看普拉斯的死，当然有她自身的原因。但若全都归结于她自身，则是不公正的。死的本能压过生的本能，也是需要一系列关键的外力来推动的。女诗人在临死之前一直坚持给心理医生写信。在信中，她透露出自己曾经遭受家暴并导致流产的事情，她还这样提及休斯，"他的道德操守就显示为他最著名诗篇之一里的那只鹰，所有英国学校的孩子都要学的：'我在哪儿捕杀全凭我喜爱，因为一切都是我的'……"这里引用的是休斯那首《鹰之栖息》里的句子，此句的英文原文更简洁，也更霸气：I kill where I please because it is all mine. 我承认《鹰之栖息》这首诗写得很好，我当然也喜欢这首诗，但是，暂时抛开诗歌的艺术性不谈，暂时抛开诗歌里面生态方面的积极因素不谈，如果把这个句子引申至人与人之间关系的层面来理解——写出这个句子的毕竟是人而不是鹰，至少是人替鹰写的，鹰只是在做而不会发表思想。这个句子反映出的是诗人很典型的Alpha Male心态，并且已经达到了膨胀的地步。α（alpha）是希腊字母表中的第一个字母，Alpha Male可以译成"阿尔法男"，理解成"大哥大"。这本来是一个动物学词语，指群体中的雄性头领，后来引申至人类社会，可指在某个群体之中全方位居于金字塔塔尖位置的那个男人——充满力量、拥有权力、占有最多资源、对他人拥有绝对主导权控制权的男性。这样的人在获得很多同性和异性的仰慕的同时，一旦缺乏自我限制和外部限制，那么他也会对他人实行精神暴力和实际掠夺。普拉斯遇上的就是这样一个对手。要赢了这个Alpha Male，最好的办法就是逃离，无条件地逃离，主动逃离，快快逃命去，越快越好。可是，普拉斯偏偏心高气傲，她选择了自杀。自杀是最强烈的控诉，代价太大，关键是不值。与其说普拉斯心理有问题，倒不如说休斯也同样是一个心理有问题的人，他的问题还可能比普拉斯的更严重，是从自恋型人格障碍引发出来的疾病，就权且称之为Alpha病吧。在男权社会里，很多人都患有这种病。嘴上口口声声喊着人人平等，而内心深处和潜意识里压根儿不认为有平等这回事。他们自认为是天生的"大动物"，"大动物"一行动难免会对"小动物"造成碰撞甚至碾压。如果"大动物"所到之处留下了一片狼藉，那也只是由于自己体积太大的优势造成的不可避免的影响，而不必担负什么道德责任。用"大男子主义"一词并不足以形容这种病症——这种病症比大男子主义要严重得多，其破坏力也比大男子主义要大出许多倍。Alpha 病患者在特定圈子、单位、家庭甚至恋爱关系之中，对相关的弱势对象施展着各种类型的暴力，只不过因人而异也因环境而异，其暴力程度有所不同而已。当缺乏外部法则对其负面人性进行必要的限制时，此病症会持续加重，让患者成为类似大型食肉动物那样的丛林暴君，对其他人造成毁灭性的威胁。Alpha 病与人类文明进程相悖，Alpha 病得治。

我读过休斯写动物的很多诗，可以说，差不多读过了所有的。他的一本谈诗的书里面收了他给英国广播公司做的一档校园节目的广播稿，在那里面他谈及自己在儿童时代捕捉小动物的经历，并且将他自己后来的诗歌写作也看成"捕捉小动物"的过程——每抓住灵感写出一首诗来，都仿佛捉到了一只小动物那样兴奋。捉小动物这件事与写诗这件事，在他看来，其实是同一种兴趣。他所关注的，正是自己生命之外的那些活生生的东西。读到那里，我想，那么，爱情呢？是不是女人也是他捕捉的对象？追逐女人，对于他也相当于"捕捉小动物"？

天蝎座以执着于复仇而著称。是不是真的存在一种"普拉斯诅咒"呢？休斯的外遇情人阿霞·维维尔在普拉斯死后六年，由于受不了因普拉斯之死给她带来的社会谴责，以及休斯在此事上完全朝向她一方的推诿，也自杀了——开煤气自杀。同时，她还杀死了她与休斯所生的四岁女儿。维维尔的父亲赶来处理女儿和外孙女的后事，接下来很快也在痛苦中结束了自己的生命。休斯的母亲在得知维维尔以与普拉斯同样的方式自杀的消息时，立刻犯了脑溢血，昏迷三天后离世。多年后，普拉斯和休斯的儿子尼古拉斯——母亲自杀时他只有半岁——四十七岁时在美国上吊自杀……这已经是几条人命了？

我离开了普拉斯墓。刚刚出了村子，便开始犯偏头疼，仿佛普拉斯的灵魂追上了我。我不得不在赶往休斯童年故居的路上吞下了两粒脑清片。

米索尔姆洛伊德，是一个很大的村庄。它看上去太大了，都不像一个村庄了，完全是一个镇子的规模。这个大村镇四周不远处，全都是地势起伏的田野和农场，在这个季节还都是绿绿的。不少农场位于谷地陡峭的高处，有的犹如墙壁一样在头顶上直挺挺地耸立着，岩石发着黑。这里的屋宅同样也是西约克郡这一带常见的那种浅褐色中微微发着黑的石头建筑，只是这时候太阳出来了，不再像先前那么阴郁。若忽略村镇中及村镇附近那饱含水分的高沼地原野，空气中不知为什么弥漫着一种废弃的工业的气息，仿佛这里的时空是布满斑斑锈迹的，有一种莫名的压抑感。我问自己，这是不是工业革命遗留下来的老旧过时的气氛呢？过了一会儿，我又问自己，这地带还曾经属于最后一个凯尔特王国，还曾经是罪犯流放地，休斯诗歌中对民间传说、神话乃至巫术的兴趣及他那把诗人当作萨满先知的重要诗歌观念，除了与他所研习的人类学和考古学有关之外，或许也多多少少地与诞生了他的肉体和灵魂的这个神秘山谷的地理风貌、人文气氛有一定的关联吧？

这片地带仍然属于奔宁山脉，其实是由三条河从一堆丘陵中间穿越推进而形成的一座河谷。所谓三条河，其中一条其实是小溪，流着流着，汇入一条较大的河；还有一条河是人工凿出的运河，一直通向入海口，与海上运输相连。我看见河上有货船和游船，于是想起休斯那些带有明显环保号召意味的写河流的诗篇。他写的当然不一定就是家乡的河流，但也肯定与这些陪伴他成长的河流有关。不同于他写凶猛动物时流露出的暴力特征，他写的河流是偏向女性的。其中这样的句子长久地吸引着我："眼下这条河是丰盈的，但她的声音低沉，/这是她皇上——大海/微服出行，走过乡乡村村。"除此之外，诗人与河流、自然界甚至整体外部世界建立联系的方式是钓鱼。他从童年起就喜欢钓鱼，常常与比大他好几岁的哥哥一起在这个村子的运河边用铁丝编的长柄网子钓鱼或捞鱼。休斯一生都没有停止过钓鱼。他在《大地麻木》那首诗里把钓鱼的过程和感受写到了极致。人、河流以及人与河流的互动，全都具有很强的感官性：人钓鱼时，人被连接到河流的电路上；每当人钓到一条鱼时，河流绷紧，像是把人也给钓走了。他写《抓鲤鱼》，直接表明钓鱼这件事情的意义恰恰就在于在人与世界上其他更广阔事物之间建立起了微妙的联系——"抓一条大鲤鱼就是我对淘金热的 / 想象"。

路上能遇到的人还是不多，好不容易遇到那么几个，我赶紧迎上去请教，竟无人知晓特德·休斯的故居在哪里。我在那村镇上转悠啊转悠，始终找不到那幢房子。这里所有的建筑都建在缓坡上和河岸边，缺乏横平竖直的方向感。我用手机谷歌地图（Google Map）去搜，也无法对应到现实上来。我感到气馁，觉得这次算是白来了。实在不行，就只好放弃，坐车走人。就在我站在运河的一座桥上深感无望的时候，从山坡上走下来一个穿着鲜艳的女人。我迎上去，说明了意图，她快活地表示她要领着我去，同时指给我看旁边由细细的彩色金属栅栏围起来的一个机构，那就是休斯当年上过的小学。

我们顺着运河旁边的小路走，路旁长着的树大约是山毛榉吧。路越走越窄，最后我们走进了一条由灌木夹起来的窄小的坡径。两人并排走不开了，只能一前一后地走。这一段小径的一侧挡着质朴的木栅，上面长满了苔藓。

　　这个女向导很健谈，主动告诉我她有历史学学位，也写诗。原来是遇到了同行，真让我高兴。谈到休斯时，我问，休斯生前经常回来看看吗？她说，他一般是不回来的，也可以说从来不回来。我问，为什么？她笑着调侃：太出名了呗。快到故居的时候，她引着我回过头去，用手朝着西北方向的高处指示着，告诉我那边就是休斯小时候经常去的农场。我想那就是他最初捕捉小动物的地方吧。他曾经跟着扛来复枪的哥哥，在山坡上跑来跑去。哥哥打了动物，他跑着捡拾……这样的捕猎持续到十五岁那年，他对动物的态度有所改变，责怪自己扰乱了它们的生活，开始从动物角度出发来看待它们。当然，他八岁时离开了米索尔姆洛伊德村庄，去了别处，去了南约克郡。多年后，他还跟岳父一起购买并经营过一个农场。他写过一首跟农场有关的诗，叫《虫子》——有一天，他忽然幽默地意识到在他的农场里，每英亩下面都有一吨赤裸而粗鲁的虫子，他从早到晚地干活，种植出来的农作物的根茎大都喂养了地下的虫子。人其实是在给虫子打工，虫子才是这农场的领主。休斯不止一次谈到农场生活给他带来的满足感，他认为干具体的农活促进了他的写作，还让他懂得了每个小时的价值。休斯还把在农场劳动看成一种对所属的本来世界的回归，这个"回归"想必也包含对于在米索尔姆洛伊德度过的童年的回归吧。

我被领到了休斯故居，并且看到了墙上遍布全英国名人故居的那种蓝牌标识，上面写着："桂冠诗人特德·休斯的出生地，1930—1938年曾居于此。"如果我没有转向的话，这幢休斯故居的北面与运河只隔着一条窄街，是一幢东西走向的两层小楼。这幢楼墙体上的石块色泽，倒并不像我先前一路看到的大多数房屋墙体那样在淡褐色之中泛出黑色，而是反了过来——煤黑色的石质墙体上泛着淡淡的褐色。这幢楼的出入门位于中央，是关闭着的；房间还蛮多的，每一个窗口都挂着白色的薄窗纱，安安静静，不见人影。不知怎的，看着这幢房子，我想起了休斯写的那首《风》，在暴风中，"山丘如帐篷，鼓动着它紧绷的绳子"，"原野颤抖不止，天边扭着它的苦脸"，"房子/叮叮作响，仿佛一只绿色的高脚杯/简直下一刻就会粉碎的样子"。诗里写的房子当然不可能是眼前这幢房子，据说是奔宁山脉上的另一栋房屋。可是不知为什么，见到这幢休斯童年时代居住的房子，我的脑海里执拗地觉得那首诗中被大风摇晃的房子就是这一幢。也许我的这种思绪跟这个地方的荒蛮风景和多风天气有一定的关系。此处离勃朗特三姐妹的故乡不太远，都属于西约克郡的多风的山地。作为一个土生土长的西约克郡人，据说休斯有着这方人士的典型体貌特征和吃苦耐劳的品质——个子高、块头大，结实、健康、能劳动。他可以做任何零工，既可以种田也可以教书，做过的最好玩的一个工作是伦敦动物园的看守……所以，有人用《呼啸山庄》里男主人公的名字"希拉克利夫"来称呼他。

我的义务女向导告诉我，这幢房子现在已被开辟成一个供作家们阶段性休憩并可写作的寓所，是一个静修的地方。我注意到她使用了一个词"retreat"，这个通常为"撤退"之意的单词，可引申为"隐退""潜伏"等义。在这个具体语境中作为名词使用时，我想应该是指带有"静修"性质的休养场所吧。

女向导对我说："你自己逛逛吧，我要回家了。"

我谢过她，开始一个人转悠。

就是在这幢房子里，休斯出生；就是在这幢房子里，幼年的休斯把铅制动物玩偶首尾相连地排列在火炉围栏的平板上，他还用橡皮泥捏出了整整一个动物园；就是在这幢房子里，他收到一本绿皮动物书作为生日礼物，并兴奋地开始学描画动物；就是在这幢房子里，几乎没有什么书籍，却有一个喜欢华兹华斯诗歌并且声称可以通灵还能看见幻象的母亲，成天编故事给他听。

米索尔姆洛伊德村庄的动物后来统统进入诗中，并且具有了图腾意味——它们通过诗人之手，获得了不朽。

从那首代表了休斯诗学的《思想之狐》开始，休斯便走上了创作动物诗篇的不归路。动物是他思维机制的一部分，是他最早的语言和最深刻的语言，也是他一生的语言，他所写的动物里其实也有人类学。他或许想用他的动物诗歌来疗救现代社会中的人类吧。他写鹰的诗和写乌鸦的诗，太过著名，著名到让我想绕开了。曾有人指责休斯在写鹰等猛禽的诗里宣扬暴力，我想可以这样为休斯开脱一下：为了人类文明的进步，动物的丛林法则当然不可以运用于人类社会；那么反过来，难道人类文明体系就应该引入动物世界并且让动物们去执行吗？虽然单纯从人类社会角度这一狭义方面来看，无法排除休斯这些诗里确有前面提及的那种我个人认为的Alpha病的元素，但是，我们还是可以站到动物们的立场和视角上来，姑且认为休斯是在批判人类中心主义吧。另外，人类生存在现代工业和高科技及商品化的社会里，逐渐变得麻木的神经和日益萎靡的创造力，也许正需要通过展示动物的原始能量和野性力量来加以刺激及警醒，以唤起人类经验中曾经有过的那种以肉身直接感知的力度。动物暴力，这个判断来自人类，并非来自宇宙法则。人文主义适用于人类社会的人与人之间，也适用于人类对待动物及整个自然界的方式上，但并不适用于动物对待动物或者动物对待人类的关系。人类伦理凭什么要凌驾于动物伦理之上呢？人类有什么资格给动物上道德与法制课呢？人类走出丛林，不再使用丛林法则，这是人类文明的标志，毕竟那不同于大猩猩和猿类的极少数基因，正好强调了人类与它们的区别，以及人之所以为人的意义和生理进化上的领先之处。我们人类不可以再返回丛林，至于动物，还是让它们继续待在丛林里吧。我们不能在动物界建立一个与人类社会相仿的社会制度，那是不可能实现的。退一万步说，即使有可能实现，那么整个世界、整个自然界甚至整个宇宙也就失去了活力。同样，休斯还写了一大堆关于乌鸦的诗。在很多民族的风俗之中，乌鸦这种食腐肉的鸟算不上吉祥之鸟，而是令人不安的禽类。可是，同理，人类的标准并不是动物界的标准，诗人企图通过乌鸦与上帝、乌鸦与自然、乌鸦与人类、乌鸦与其自我的关系，探索或至少触摸到那存在于人类外部空间又进入人类内心世界的不断变化发展着的力量。在乌鸦身上，存在着宇宙的秘密。

他连写植物都像在写凶猛动物，比如收入1967年出版的诗集中的那首《蓟》：

不顾母牛的橡皮舌头和人们锄草的手

蓟像长而尖的刀子捅进夏天的空气中

或者冲破蓝黑色土地的压力打开缺口。

每支蓟都是复活的充满仇恨的爆发，
是从埋在地下的腐烂的海盗身上
猛然抛掷上来的一大把

残缺的武器和冰岛的霜冻。
它们像灰白的毛发和俚语的喉音。
每一只都挥舞着血的笔。

然后它们变苍老了，像人一样。
被刈倒，这就结下了仇。它们的子孙出现，
戴盔披甲，在原地上厮杀过来

（袁可嘉 译）

休斯似乎在某种程度上对细读文本持反对态度。据说，这是他当年在剑桥大学读书时对文学专业不满意、不耐烦而转至人类学专业的原因之一。

蓟这种常见的带刺的菊科植物，在休斯的这首诗中，被当成一种怀了刻骨仇恨的好勇斗狠的动物来写。写着写着，到了后面，它竟进而变成了勇猛的战士，并且为了复仇而生生不息。

读这首诗时，我想起了安徒生的一篇童话——《蓟的遭遇》。当然，那篇童话是一个温柔而风趣的故事，一点儿也不凶猛。在京城一个公馆的花园里，种着一些珍花异草，而在公园外面小路旁的栅栏那边，生长着一大棵野生的蓟。公馆里住着一些尊贵的客人，其中有一个来自苏格兰的女孩。她不采花园里的花，反而让这家的少爷替她采了路旁野生的蓟花。理由是，那是她祖国的花，是苏格兰之花，在苏格兰国徽上放射出光芒。她把采下的那朵蓟花插在了少爷衣服的扣眼里，后来他们就相爱并结婚。再后来，天冷了，他们散步时路过那一大棵蓟，又采走了上面的最后一朵蓟花，把它带回去，雕刻在了他们的相框上。至于蓟为何成为苏格兰国花，从休斯这首诗里提及的"海盗"和"冰岛"，就隐约可知苏格兰人民奋起反抗外族入侵的历史事件，以及这历史事件背景之下与蓟这种植物有关的神话传说和民间故事。这种长满刺的蓟花，不屈的兰刺头，正是苏格兰人单纯、粗犷、刚烈性格的象征。休斯这首诗中的蓟，不仅体现了不屈不挠的原始蛮荒之力，还包含了很深的文化意蕴。

至于那首《七愁》，应该是休斯的后期作品吧，写得不再像先前那么暴烈了，而更平和、更温柔。比起那些宣扬野性力量的诗篇，这首平和之诗对人类中心主义的批判，反而更能打动人心。里面看上去只写动物，几乎不提人，但人就隐藏在诗中。这首诗中的动物非但不凶猛，还有一些哀怨了。

秋天的第一愁
是花园慢慢的告别
它久久伫立在暮霭中
像一个褐色的顶花饰
一枝百合花的主茎，
它依旧不肯走。

第二愁
是雉鸡空荡荡的脚
它和它的兄弟们一起悬挂在一只钩子上。
树木的金色
裹在羽毛中
而它的头却蒙在布袋里。

第三愁
是太阳慢慢的告别
它唤回了倦鸟如今在集合

黄昏的时刻——

那黄金而神圣的

画图的底色。

第四愁

是池塘已经发黑

毁灭了也淹没了水的城市——

甲虫的宫殿，

蜻蜓的

墓穴。

第五愁

是树木慢慢的告别

它静静地在拆除帐篷

一天它悄然离去了

只留下枯枝落叶——

木柴，一根根扎营的木桩。

第六愁

是狐狸的哀愁

猎手的喜悦，猎狐的猛犬的喜悦，

蹄爪扑腾着

直到大地接受它的祈求

闭上了她的耳朵。

第七愁

是朱颜慢慢的告别

朱颜露出了皱纹向窗外翘首眺望

年岁正在打点行装

像一个为孩子们举行过赛会的露天市场

如今显得肮脏而又杂乱无章。

（汤永宽 译）

休斯身上的宗教文化的成分与背景，比较复杂且多元——有基督教、萨满、藏传佛教、犹太哲学、凯尔特神秘主义、印第安人神话甚至中国道教的影响。如果我没有记错的话，根据某些资料显示，休斯不信基督，甚至还有反对基督教的倾向，但这并不妨碍他仍然不可避免地携带着他从中成长起来的那个基督教文化氛围的特征，而且还是重要特征。正如鱼在水中，即使鱼不喜欢水，鱼也仍然在水中。这首诗写了秋天到来之后，与动物和植物相关联的七种愁。为什么是"七"？应该与西方基督教的文化背景有关联。"七"在西方文化里暗指与上帝有关的事，"七"代表完整和完美。在《圣经》里，上帝用七天创造世界；埃及有七年丰年、七年灾年；约伯有七个儿子，约伯的朋友们为他悲伤了七天七夜；彼得询问要原谅朋友多少次，耶稣回答要原谅七十个七次；耶稣在十字架上说了七句话；启示录里审判时打开七印，有七宗罪，降七灾，有七灵，有七个异象，有七个金灯台，有七星，羔羊有七角七眼……

这首诗里面不直接出现人类，但人类隐约藏在了动物的背后，是某个间接又间接的模糊影像，且带着并未被指出来的反面意味。第一愁、第三愁、第四愁、第五愁中，全无人影。在第二愁中，也没有出现人影，却出现了"钩子"和"布袋"——这是把雉鸡的脚悬挂起来的钩子，这是把雉鸡的头蒙住的布袋。这是谁干的？诗中没有提，但读者毫无疑问能意识到是人类的行为。在第六愁中，与蹄爪扑腾着的狐狸的哀愁相对立的却是喜悦——谁的喜悦？当然是追逐着狐狸的猎手和猛犬的喜悦。这二愁和第六愁里有默默无声的控诉。至于第七愁，也不能算是出现了人影——仅提到朱颜的告别，却并没有明确指出这是谁的朱颜。原文"The slow goodbye/Of the face with its wrinkles"只提及一张脸"the face"，而没有说明这是谁的脸。它可以是人类的，也可以不是人类的，诗人很可能是故意不提到人的。至于在第七愁中出现了"孩子们"，也只是出现在一个比喻句之中的，而且核心词并不是"孩子们"，而是"露天市场"。这个比喻句的主语或者说喻体是岁月，描述秋已深，岁月如何打点行装。

这首诗虽然写了秋天的愁，但是与中国诗人的悲秋情绪是很不一样的。中国诗人悲秋，其主体往往是人类，喜欢写个人遭际、怀才不遇、时光流逝、羁旅行役、身世飘零、相思苦涩、身体病痛或者忧国忧民，像宋玉的《九辩》、曹丕的《燕歌行》、杜甫的《登高》《秋兴八首》、李清照《醉花阴》、马致远《天净沙·秋思》等等。而休斯的悲秋，至少从字面上看去，他似乎不关心人类，也不关心他个人的命运，更不关心社会时事。他只关心动物和植物，尤其是秋后的动物和植物。诗人似乎想告诉我们：这个世界的中心可以不是人类，而是其他生命。可是，他所写的动物植物，又怎能说与人类完全无关呢？

其实我最喜欢的一首休斯的动物诗，是一首很少被拿来作为休斯动物诗歌的代表作进行分析的诗，这首诗甚至并不怎么被提起。这是一首较长的诗，叫《云雀》。全诗分成七节，有一百六十行左右。我没法给这首诗扣上 Alpha 病的帽子，因为里面写到的那只小小云雀相对于它的对手，更像一个精神高昂的反抗者。它反抗的是一个看不见、摸不着的至高无上的力量，反抗一个隐形的 Alpha Male。

我把这首《云雀》引在这里：

1

云雀起飞了

像一个警告

仿佛地球是不安的——

为登高，胸部长得特宽，

像高耸的安第斯山上的印第安人

猎犬的脑袋，带刺如出猎的箭

但肌肉

厚实

因为要与

地心

斗争。

厚实

为了在

呼吸的旋风中

稳住身体，

硬实

如一颗子弹

从中心

夺走生命。

2

比猫头鹰或兀鹰还要狠心

一只高翔的鸟，一道命令

穿过有冠毛的脑袋：不能死

而要向上飞

飞

歌唱

死而已已，听命于死亡。

3

我想你就是直喘气，让你的喘息声

从喉头冲进冲出

                    呵，云雀

歌声向内又向外
像海浪冲击圆卵石

            呵，云雀

唱呵，两者都不可思议
欢乐！呼救！欢乐！呼救！

            呵，云雀

你在高空，停下来休息
下降前，你摇摆不定

但没有停止歌唱

只休息了一秒钟

只稍稍下降了一点点

然后又上去，上去，上去

像一只皮毛湿透的落井老鼠
在井壁上一跳一纵的

哀泣着，爬上来一点点——

但太阳不会理你的，
地心则微笑着。

4
我的闲情逸致凝缩了
当我看到云雀爬近云端
在噩梦般的艰难中
向上爬过虚无之境

它的羽翼猛击，它的心脏准像摩托一样轰鸣
仿佛是太迟了，太迟了

在空气中哆嗦
它的歌越旋转越快速
而太阳也在旋转

那云雀慢慢消失了
我眼睛的蜘蛛网突然断了

            我的听力狂乱地飞回地面。

这之后，天空敞开，空荡荡一片，

翅膀不见了，地球是捏成团的土盐。

只是那太阳悄悄地、永无止境地与云雀之歌同行。

5

整个可厌的星期日早晨

天空是个疯人院

充满云雀的声音和疯劲，

尖叫声，咯咯声，咒骂声

我看见它们头向后甩

翅膀向后猛弯几乎折断——在高空

就像撒下来到处漂浮的祭品

那残忍的地球的奉献

那疯地球的使臣。

6

脚爪，沾满饲料，在空中晃动
像那些闪烁的火花
像从篝火中迸发出来的火焰
云雀把嗓门提到最高极限
最大限度地打呀打出最后的火花——
这就成为一种慰藉，一股清凉的微风
当它们叫够了，当它们烧尽了
当太阳把它们吸干了，
当地球对它们说行了。

它们松口气，漂浮空中，改变了音调

下降，滑翔，不太确信可否这样
接着它们吃准了，向下扑去

也许整个痛苦挣扎是为了这一

垂直的致命的下坠

发出长长的尖利的叫声，像剃刀般刮过皮肤

但就在它们扑回地球之前

它们低低地掠过、滑过草地，然后向上

飞到墙头站立，羽冠耸立，

轻飘飘的，
完事大吉的，
警惕的，

于心无愧的。

7

浑身血迹斑斑古霍兰垂下头听着
身子绑在柱子上（免得死时倒伏）
听见远处的乌鸦
引导着远处的云雀飞拢来
唱着盲目的歌：

"某个可怜的小伙子，比你更弱，更误入
歧途
将割下你的脑袋

你的耳朵

从你手里夺走你一生的前程。"

（袁可嘉 译）

这首诗的排列方式非常重要。里面有这么多的空行，用了这么多回车键，行与行之间的这些空白必须保留，该空行的位置一定要空行，绝不能把空行丢失或删除。这些空行是这首诗的内容的重要组成部分，这一行一行的空白，正是这只云雀在空气中上升或下降的一截又一截的物理距离，是它用尽气力所换来的短暂的阶段性休整和胜利成果。排版时如果误排，把这些空行给丢掉了，这首诗就被毁掉了至少一半。

小小云雀的敌人和对手是谁？是大大的地球。这是一首克服地心引力的诗。比如，以上引文中第四、五、六小节，有时用排列形式来对特定的视觉内容进行表达，有时把一个句意分成好几行来表达，每一行只有很少的一个或两个汉字（单词），都是为了形象地表达这只云雀正在一点一点地克服地心引力而飞起来。为了表示云雀对地心引力的克服，诗人在这首诗中还使用了其他独特的排列方式，用一个又一个空行来表达升降的幅度。云雀飞起，越飞越高，以至于飞向了太阳——它在空气中艰难爬升的全过程及细节，都被写了出来。"地球对它们说行了"，云雀把地球当成假想敌来拼命搏击，而地球胜券在握，认定对方逃不出"如来佛掌心"，二者形成了鲜明对比。地球的泰然自若和漫不经心，更衬托出了云雀的渺小和倔强。

小小的云雀，它分明是带了发动机的："它的心脏准像摩托一样轰鸣"，读起来，仿佛那不是一只小小的云雀，而是一架波音或者空客！这只小小云雀身上很明显有着尼采的"强力意志"，它就是超人，把自由意志发挥到了极致，挑战了自我的极限，挑战了所谓的不可能。当它最终不得不服从于那个众所周知的至高主权的时候，它依然是一个了不起的英雄。

我已经记不清把这首诗读过了多少遍。每读一遍，我都想向这只云雀致敬。

离开休斯的村子时，已接近中午。我从那里奔向约克。

从车窗望出去，看到了西约克郡田野的上空，半阴半晴。我想看到云雀。"整个可厌的星期日早晨／天空是个疯人院／充满云雀的声音和疯劲"，虽然今天不是星期天，而是星期一，但我还是想看看有没有云雀把天空搅成一座疯人院。

2021 年 3 月

加里·斯奈德的荒野交谈

下面要谈论的加里·斯奈德的两首诗，都与一座叫Sourdough 的山有关，这个英文单词的意思是酵母、（制作糕点或面包的）发面团或酸面团，也有"拓荒者"之意。以此命名的这座山，应该在美国本土西北角的太平洋沿岸吧，属于贝克山国家森林公园，海拔近两千米，诗人年轻时在那里短期做过护林员。在我见过的这两首诗的不同汉语译本里，对这同一座山有着不同的译法，有的用音译，有的用意译，而且译得五花八门：索尔多山、苏窦山、沙斗山、面团山、酸面山、拓荒者山地……估计将来还会发现别的译法。

第一首：诗的原标题是 Mid-August at Sourdough Mountain Lookout。下面我使用的这个译本里将这座山译成"苏窦山"。

八月中旬在苏窦山瞭望站

山谷下一阵烟岚
三天暑热，之前五日大雨
冷杉球果上树脂闪耀
新生的苍蝇
团团飞过岩石和草地。

我想不起曾经读过的东西
有几个朋友，但住在城里。
喝锡罐中冷冷的雪水
向下远眺，数英里在目
大气高旷而静止。

（西川 译）

这首诗的视角是很有意思的。标题里有"山"和"瞭望站"字样，可见诗人身处既是自然界也是人工的一个制高点上，所以诗的第一句一开头写的就是俯瞰，写的是从上往下看时"山谷下"的风景。这风景产生的原因跟天气忽热忽凉有关，这风景里有烟岚、冷杉、苍蝇、岩石和草地。接下来视角拉来，返回瞭望站上的诗人自身的生活，这样反观之后，又继续将目光由上往下投放到山谷下面，继续"向下"看，而且这一次是极目"远眺"地往下看。看见了什么？看到数英里之外去了，看到了"大气高旷而静止"。

这首诗的视角是由高向低、由近及远的。先写了近处，近处的植物和动物；接下来在中间，写了人，人包括"我"及未出现的友人，主要突出"我"那与大自然融为一体的清贫而快乐的生活；最后写了远处，大约数英里之外的远处，是大气，这大气是无限与虚空，也是冥想之中的永恒。

"三天暑热，之前五日大雨"，为何要将天气状况写得这样具体？这大概跟作者一向强调要用身体跟环境相接触和用身体跟自己的生活相接触的观点是一致的，对自然生态的关注里面当然也包含了对天气变化的记录。诗中对烟岚、冷杉球果、苍蝇、岩石、草地这些大自然之物，全都一一记录了。诗人除了写诗，还想让自己的诗歌达到一种接近山野笔记的效果，所以要精准记录，这样才能有资格为大自然代言。

除了记录山野，诗人还记录了自己在山野中的物质生活："喝锡罐中冷冷的雪水。"美国本土西北角纬度高，山地海拔又高，应该是导致8月份还存有未完全融化的雪水的原因。锡罐，俗称马口铁，又名镀锡铁，学名叫电镀锡薄钢板，"一战"时被广泛用来制作罐头容器。这里只用了这么一句，便勾勒出了一位现代苦行僧的生活。他在这首诗中没有明确表达对于这种生活的看法是快乐还是忧伤的，但这是诗人用自由意志选择的一种生活。再联系前后文，可以知道他对这种生活是满意的、满足的，并且自得其乐。这里特别强调喝的是冷冷的雪水，记录下了水的来源；又特别强调盛放着这雪水的容器的材质是锡铁，记录下了容器的材料。为什么要强调和记录这些细节？这里大概是想表现出人类与雪、水、金属材料这些事物之间的关系其实是很亲近的，人类就在这些事物构成的那个程序里面，而这些事物是古老的根本。

"喝锡罐中冷冷的雪水"这一行像一条分界线，夹在前面两行"我想不起曾经读过的东西／有几个朋友，但住在城里"和后面两行"向下远眺，数英里在目／大气高旷而静止"之间，这个分界线式的句子仿佛演变成了一个连接词"所以"，于是前面两行是"因"，后面两行成为"果"：正是有了这样的抛却背后的行为，躲开现代生活的喧嚣，选择生存于僻野之中，才可以过上眼前"喝锡罐中冷冷的雪水"这样孤寒且质朴的生活，结果是看见了透明的远方，寻找到了个人内心的空境。

"我想不起曾经读过的东西"，则会使人联想到诗人的另一个提醒：人在学校里受过"教育"，还要在离开学校之后用几乎同样的时间和力气进入一种"消除教育"的过程。离开书本，抛弃教育所带来的优越感，去跟寻常事物（包括泥土、灰尘）相接触，进入内心和本心。

还有，这一句诗，读起来还会使人产生一种"山中方一日，世上已千年"之叹，这是与世隔绝的生存环境所造成的与外部世界的疏离感。接下来出现的那句关于城里朋友状况的交代恰好又为此句做了印证，于是荒野生存与社会生存形成对比。

诗里展现出来的场景和格调，似乎可以让人联想起斯奈德从学生时代就已经开始对于中国古典诗歌的喜爱。斯奈德学习汉语，不仅阅读中国古诗的英文版和汉语原版，还曾经亲自把一些中国唐诗翻译成英文，其中他最为偏爱的是唐朝诗僧寒山的作品和生活方式。这些读诗译诗的经历此时已然对他自己的生活和诗歌创作都产生了重大影响。

寒山诗中写道："山中何太冷，自古非今年。沓嶂恒凝雪，幽林每吐烟。"这首诗中出现了山峦、雪、烟岚、树木等意象，跟斯奈德这首诗中的意象群落是很相像的。寒山还有一首诗云："一向寒山坐，淹留三十年。昨来访亲友，太半入黄泉。"诗中关于自己久居山间而与山外亲友相隔的讲述，读来颇有恍如隔世之感。斯奈德在其诗中提及"我想不起曾经读过的东西／有几个朋友，但住在城里"，那种对城市生活的疏离和忘却，以及山里人对山外人的相隔之感，渗透在了语调之中，与寒山这首诗中的口吻相较，是颇有些异曲同工之处的。

看这首诗的英文原文，结尾两行的排列次序，写大气状况之语本来在倒数第二行，有关"数英里"之语本来在最末一行，而翻译成汉语之后，两句的顺序轻轻颠倒了一下，成为"数英里在目 / 大气高旷而静止"。这样就对大气状况起到了一个强调作用——这里的大气状况何尝不是诗人的精神状况呢？这里描写的，其实是荒寒、孤独给诗人带来的澄澈之感，是生命的圆满与喜乐。

再看斯奈德所写的第二首与这座山有关的诗，诗的原标题是 August on Sourdough, A Visit from Dick Brewer。下面我用的这个版本将这同一座山译成了"索尔多山"。

八月，索尔多山，迪克·布莱沃来访

你搭便车走了一千英里

      从圣弗朗西斯科北侧

徒步上山　云中走了一英里

那小屋——只有一间小屋——

      用熔岩速凝体做墙

草地和雪野，　几百座山峰。

我们躺在睡袋里

      谈了半夜；

风拍打着固定帐篷的拉索　夏天山里的雨。

第二天早晨我一直把你

      送到悬崖那儿，

还把雨披借给了你——　雨水洒遍页岩——

你走下雪野

　　　　　在风中飘着

最后一次挥手道别　半个身子在云中

还是搭便车

　　　　　直奔纽约；

我回我的山里　在远远的，远远的，西部。

　　　　　　　　　　　　　　（杨子 译）

　　现在这个译本中的诗行排列得错落参差，一定是为
了尊重英文原版的排列格式吧。我也见过其他译本，采
取了左对齐的方式，但那样的话，诗中前后意思理解起
来就有些费劲并且不对劲了。我费了很多工夫，也没能
查找到这首诗的英文原文，无法对照着进行更进一步的
判断了。

　　在这首诗的标题里，出现了四个要素——时间：8月；
地点：索尔多山；人物：迪克·布莱沃；事件：来访。
如果再加上原因和发生过程，新闻的六个要素就齐全了，
而没有在这个标题里出现的原因和发生过程，其实接下
来就被写到诗的内文里去了。如此详细的交代，也许类
似于威廉斯和庞德对纪实性信息的使用，大概还跟诗人
所提倡的那种降落到地面和降落到日常生活的主张是一

致的，同时也表达出诗人在大地上的依托感和归属感，而这样的精准记载或许还会对读者构成一种无形的召唤。这召唤既来自诗人，也来自大自然。

这首诗的内部非常辽阔，究竟有多么辽阔呢？

诗歌一开头就说友人迪克·布莱沃搭车走了一千英里。他从哪里开始搭车的呢？下一行紧接着交代，是"从圣弗朗西斯科北侧"。圣弗朗西斯科就是旧金山，在美国加利福尼亚州的中部，位于西海岸上。也就是说，这位友人是从加州中部沿着西海岸一直往北走的，去往美国本土版图的西北角，去诗人斯奈德当时所在的索尔多山——大致位于与加拿大接壤的华盛顿州附近。一千英里可够远的，换算成公里，有一千六百公里，按中国的华里来计算，相当于三千二百里了。接下来，到了目的地之后，还得步行爬山，足足爬了一英里即接近两公里那么高、那么陡的山路，才到达朋友居住的小屋。诗的后半部分写了送别。两人别过之后，这位朋友又往哪里去了呢？仍然是搭便车，不过这次不是返回旧金山，而是"直奔纽约"。注意，是从西海岸的西雅图附近去往东海岸的纽约，从太平洋之滨到大西洋沿岸，那要至少从头到尾地走完全美最长的九十号公路，全程有将近五千公里，几乎上万里了。即使不乘汽车，改乘速度最快的飞机，选择直飞航班，也需要一口气飞上五个小时；如果选择需要中途转机的航班，那就得耗去七个小时了。

还有，这个距离，要跨过三个时区。

诗人自己可能也意识到了这地理空间的巨大，所以在全诗最后，送别友人后，他用了这样一个句子结束全诗："我回我的山里，在远远的，远远的，西部。"这是一个极富张力甚至扩张力的表达，相当于又刻意地强调了一下美国版图东西相距何其遥远，同时似乎也在展示诗人和友人正在面临着的生活是多么广大，精神是多么无边，友情又是多么深远。中国古诗送别场景中的"桃花潭水深千尺"，在这里似乎自然而然地转换成了"东西相距上万里"。

就是这样，在这首短短十八行的诗里，其实隐藏着整整一个美国大陆，一张美国地图从字里行间渐渐浮现出来。

这首诗里这个巨大的地理空间，足够让诗人和他的友人在里面任意挪腾、翻身。

这是什么样的友情呢？为了相见，可以这样不怕劳累，如此迢远又如此长久地乘坐汽车，还要凭借体力攀爬一段不短的山路。这么大老远赶来了，第二天早晨又走了。那么，两人在一起做了什么？除去迎来送往，关于两个人在山间小屋里的互动，诗中只写了两行："我们躺在睡袋里 / 谈了半夜。"原来这么大老远跑来相见，是来聊天的，来侃大山的。只用这么简单的两行，就把两个人相会的内容交代完了。

"我们躺在睡袋里／谈了半夜"之句，似乎在内容上将这首诗分成了两个部分，即前半段和后半段。

　　两个人究竟谈了些什么呢？我们不得而知。但是，有一点可以肯定：这是发生在荒野里的一场交谈，这"谈了半夜"的过程正是以荒野为背景发生的。这荒野的背景和环境，具体是什么样子的？在诗中前半段已经交代过了，两人都躺在"睡袋"里，在诗人那"以熔岩速凝体做墙"的只有一间的原生态"小屋"里。这小屋的粗陋暗示出它是诗人自己动手就地取材盖起来的，就像寒山靠简单的生存技艺独居寒岩那样。斯奈德同样也自己建造房屋，这正是他提倡并身体力行的传统手工劳动，这是荒野生活的基础，是人与自然的互动，是他深层生态理论的一部分内容。而这间小屋又在哪里呢？小屋周边是"草地和雪野，几百座山峰"，小屋在山上，在走了一英里之后的"云中"，纬度高海拔高，8月份竟还有雪。这段风光描述，也属于山野笔记式的精准记录。在如此荒僻、如此高耸的一个野生环境之中，诗人和他那位很可能也是诗人的朋友，两个人相见甚欢，兴致勃勃，会谈论哪些话题呢？这样的荒野交谈，肯定不同于会议室里的圆桌会议，不同于法庭辩论，不同于课堂上的论道，不同于创意写作工作坊里的交流，不同于咖啡馆里或者城市公园里的谈心，不同于书信笔谈，不同于电话里的沟通，不同于网络上的在线聊天……谈话背景对于谈话内容、谈话语调和谈话时的思维方式，不可能没有影响。诗人与友人的荒野交谈想必是私人化的，或许还是高峻的，同时更是自由散漫、无边无际、意识流，以及富有创造力的，就跟他们此时此刻身处的这片荒野的特点是一样的。人类在荒野之中会产生出浩瀚的孤寂感，人与人之间会不由自主地彼此靠近和更加团结，更何况面对的是千里迢迢赶来相会的友人。所以，这一定是一场敞开心扉并无所顾忌的交谈。两个男人或许谈到了诗歌、爱情、谋生、行走、打猎、读书、总统竞选、冷战、森林树种、气温、治蛇咬伤的药……在这样的唠嗑和吹牛皮里，他们当然不会用专家口吻或者书面语来讲话，也不会使用商人的语言，更不会使用议会里的政治家语言，他们说的肯定都是"人话"，是鲜活的口语，想必偶尔还夹杂着快乐的粗话——毫无疑问，不排除以 F 开头的那个简单的英文单词。

"风拍打着固定帐篷的拉索　夏天山里的雨"，这写的是两人半夜交谈时外界的情形。那时，在小屋、帐篷和睡袋外面，可谓风雨飘摇。这是在实写夜间的荒野，似乎也会引导读者去由此展开联想——这两个人夜半的荒野交谈究竟谈了些什么内容，应该也是像这山间风雨一般充满野性的话题吧。

这首诗中展现出来的场景和情调，比前面第一首有着更重的中国古典诗歌的影子。

毫无疑问，寒山不仅喜欢在诗中写云，写岩石，写风，还喜欢把它们混杂在一起来写，同时让人类被这些自然景物包围着，形成某种气氛，比如"重岩我卜居，鸟道绝人迹。庭际何所有，白云抱幽石""独坐常忽忽，情怀何悠悠。山腰云缦缦，谷口风飕飕"。斯奈德在这首诗中所写"徒步上山，云中走了一英里""在风中飘着""半个身子在云中"体现出来的清微淡远和飘逸疏朗，跟寒山诗里的情境是非常相似的。西方人当然也写云写风，却很少朝着这样的禅宗的意味和方向来写。

斯奈德像寒山一样喜欢写岩石，但他写的岩石往往更具有地质色彩，而不是像寒山那样笼统地写岩石或者着重于描述岩石的各种形状。比如，斯奈德在这首诗里提及岩石时，是用了专业术语的，"用熔岩速凝体做墙""雨水洒遍页岩"。这里提及熔岩和页岩，已具体到了岩石的种类。这样的写法当然与诗人所生存时代的现代科学认知有关联，另外，也符合斯奈德的生态主义理念——斯奈德想做原野的代言人。他想把原野的声音经由诗歌传递出去，使得大自然中的一切事物都得到人类的尊重，并且以诗为媒介，引导人类与大自然相会，甚至诗歌在完成这个使命之后，都可以功成身退。所以，在他的诗里，不仅水文和气候都要有十分具体的记录，山、河流、岩石、动物和植物也都是十分具体的，它们的喜怒哀乐要引起这个世界注意并且被记住；每一样原野上的事物都要呈现出自己的特征，首先当然要有自己具体的名字，事物要被命名才会有最起码的存在感，是存在和获得认可的前提。在第一首诗里，"冷杉球果上树脂闪耀"之句中出现了"冷杉"这个植物名。斯奈德甚至主张让树木、岩石或者鲸鱼参加选举，具体操作方式是派人——比如就派诗人去吧——去做黑橡树的代表或者黄松的代言人，类似法院派一位律师为一个有智力障碍的人或未成年人进行辩护，这在法理上也是讲得通的。要参加选举，怎么能没有自己具体的名字呢？就这样，斯奈德把惠特曼的民主精神进一步扩展甚至扩大化，演变成了一种大民主或者说最大化的民主，当然同时也是最大化的博爱。有趣的是，这种民主与博爱在斯奈德那里又披上了东方文化甚至禅宗的外衣。在诗人真正来日本和中国之前，他曾经在迷信和误解之中热爱着东方文化，认为那种有机的、以过程为导向的世界观是可以保护人类生存环境和地球生态的。

"我们躺在睡袋里 / 谈了半夜"，这一句很容易使人联想到李白和杜甫的经典友情。当年李杜在山东兖州同游，杜甫以诗《与李十二白同寻范十隐居》记之，内有"醉眠秋共被，携手日同行"之句。夜晚醉酒之后，盖着同一床被子睡去，白天结伴携手一起出行游玩，这已成为二人最美好的记忆。斯奈德在不经意之中就写下了这个与其当下情境相适的句子，得之自然而然，又呼应了东方文化中文人之间几乎仅次于伯牙、子期的可贵友谊，可谓深得中国古诗之精髓。

这首诗的后半段写送别——"第二天早晨我一直把你/送到悬崖那儿"。中国古典的十里长亭相送，长亭更短亭，在这里悄然变换成了在荒野和山岭之中相送，也是送了一程又一程，一直送到"悬崖那儿"，也就是说送到了不能再送的地方，只好就此别过。别过时，没有折柳，而是交接了物品。这物品不是油纸伞，而是雨披。接着，又目送友人渐渐远去，看着他的背影在雪野和风中变得飘飘忽忽。这时，诗人又来了一个"最后一次挥手道别"，这相当于"挥手自兹去，萧萧班马鸣"，这依依惜别之情，还真的像中国古人呢。"还是搭便车/直奔纽约"，很明显，马鸣更换成了汽车的马达。

斯奈德翻译的中国古诗之中不乏送别诗，比如刘长卿的《送灵澈》、王维的《山中送别》和王昌龄的《芙蓉楼送辛渐》等，不能不说他曾经受到过这种东方古典式的离别相送情境的影响。

在这首诗中，这个美国诗人把中国古典气韵注入英语，却又没有照搬硬移，而是把这种气韵本土化了，也就是说"美国化"和"当代化"了。比如，"搭便车""睡袋""帐篷的拉索""雨披"甚至"熔岩""页岩"这些词语的出现，都暗示着这只能是发生在 20 世纪及其之后，其中搭便车在相当长的时期内是美国公路文化特有的现象，已形成了一种搭便车文化。

这第二首诗 August on Sourdough, A Visit from Dick Brewer，我还在一本台湾出版的繁体字版本的书里读到过它，译者把它干脆翻译成了一个古体诗译本。在这个译本里，这座山被译成"苏窦山"：

八月故人来访苏窦山

拦车行千里，北上别三藩。

跋涉缘山道，一里入云中。

四面水晶墙，庐小亦足容。

草原连雪地，窗含无数峰。

拥被倾谈笑，不觉已三更。

夏夜山中雨，电缆戏清风。

明朝伴君行，至崖犹目送。

斜雨打峭壁，遗君一斗篷。

直趋下雪原，振衣万仞空。

挥手自兹去，云雾掩行踪。

重复江湖路，远赴龟岛东。

独自返空山，西域正鸿濛。

（钟玲 译）

大概是觉得把一个洋人的名字放进一首汉语古体诗中显得过于突兀，对于整体氛围实在有违和感吧，于是，翻译过来以后，在诗的标题里省略了那个外国人的名字，干脆不译了，改为一个笼统的称呼："故人"。

这版翻译得很好，有很地道的中国味，完全可以作为一个有趣的翻译实验。

不知斯奈德看过之后会怎么想。斯奈德把寒山的汉语古体诗翻译成了英文自由体诗，而又有中国人把他的英文自由体诗翻译成了汉语古体诗。

然而，无论是出自英语还是出自汉语，抑或汉译英、英译汉，毫无疑问，我还是喜欢以现代诗形式来表现现代人生活的诗篇。

加里·斯奈德在列举对他有过影响的诗人时，竟列出了史蒂文斯的名字。相对于斯奈德，史蒂文斯可是偏抽象了些。当然斯奈德又补充说，史蒂文斯对于他其实还不能构成一种影响，他只是阅读并把玩史蒂文斯的那些诗。这使我想起史蒂文斯那首著名的《坛子的轶事》，那首诗已经被无数次地解读，甚至已经被过度解读了。我想，那首诗应该累了吧，为了不打扰它的清静，我不打算再去给它添乱了。但我想说的是，这首《坛子的轶事》从另外一个角度来讲，可以看成一首写荒野的诗——一个人只有独自进入荒野之后，调动起十分具体的日常生活经验来，才有可能在某一个刹那，在猝不及防时，恍然大悟地读懂了这首诗：

我把一个坛子放在田纳西

它是圆的，放在一个小山上。

它使凌乱的荒野

围着小山排列。

于是荒野向坛子涌起

懒散地匍匐在四周，不再荒蛮。

坛子圆圆地置在地上

高高在上，像一个空间站。

它君临四面八方

坛子是灰色的，未施彩釉。

它不能孕育小鸟或灌木丛

不像田纳西别的事物。

　　有一年中秋时节，为了能够夜里跑到山巅上去看星星，我约了两个好友去山中小住。天渐渐黑下来了，我们爬到高处，在荒野里仰着头。当我们站在那里仰望满天星星时，在我们水平正前方不远处，两千五百年前的齐长城正蜿蜒着从山脊上经过，墙体颓败到需要辨认才可以约略看出大致形状，而且仍在继续风化着。忽然，视野里出现了一架夜航的大型飞机，在空中移动着，闪烁着红色的眼睛，很容易就可以从星群里把它区分出来。我联想到史蒂文斯写过的那只田纳西的坛子，此时的齐长城和夜航飞机，在荒野里像那只坛子一样，显得突出和警醒，只是由于它们均属于人工制品或者人类活动的痕迹，它们不同于这荒野里原有的别的其他事物——那些并非出自人类之手的事物。是的，齐长城和夜航飞机，不同于岩石和草木，不同于头顶的夜空和星辰，跟这荒野之中无知无觉的永存之物相比，它们作为人类造物，是终将消失的，是不堪一击的，于是它们也更敏感、更丰富、更有情、更有温度。任何生命及经由生命创造出来的事物毫无疑问都带有局限性。永恒之物的冷漠、重压和必然性此时此刻正反衬着短暂之物的多情、胆怯和偶然性。其中，那最脆弱的也是最富有激情的，那于存在之中不可避免地包含了忧闷烦愁甚至或许还包含了恐惧与紧张的，毫无疑问，应该是人，尤其是此时此刻此地此境中的人。

就这样，进入荒野之后，在荒野之中，我懂得了史蒂文斯《坛子的轶事》这首诗。假如我只是一动不动地坐在书桌前，再读上十年，也读不懂它。

特朗斯特罗姆有一首诗，可以说是借荒野来表达艺术观，也可以说是借艺术表达荒野观。这首诗叫《自1979年3月》：

厌倦所有带来词的人，词不是语言

我走入那座白雪覆盖的岛屿

荒野没有词

空白之页向四方展开！

我遇到雪地里麋鹿的蹄迹

是语言而不是词

（李笠 译）

这里将"词"和"语言"对立起来了。词是独立存在着的零碎的语言最小单位，而语言则是一套表情达意的完整的符号系统。语言可以有文字也可以没有文字，可以有声也可以无声，信号灯、哑语手势、标识记号都可以是语言。诗人正是走入荒野之后，在荒野之中，才渐渐发现了真理。荒野呈现出自动生长的艺术观念，荒野是一套完整而神秘的语言符号系统，更是诞生语言的地方。当诗人在荒原雪地上发现了麋鹿的蹄迹时，这蹄迹正是大自然的神性的语言。"荒野没有词／空白之页向四方展开！"这白雪覆盖着的空白之页，则是荒野语言的顶点和极致，是形而上学，是荒野的冥想状态，而亚里士多德认为，神的活动是由冥想构成的，冥想是最高形式的活动，冥想的人最接近神祇。

加里·斯奈德也认为所有自然的人类语言都是一个野生系统。斯奈德正是在荒野中打坐和冥想的，并成为一位荒野中的禅修实践者。然而，他不是一个避世者，而是一个行动主义者，以农夫精神记录大自然，以大地为诗，怀着公民意识主动介入社会，关注环保和生态，对人类有着责任和担当。

我一直认为，"荒野"其实是一个非常西方化的概念。在西方文化的基因里，荒野所占的成分和比重是相当大的。《圣经》里，摩西带领以色列人在旷野里行走了四十年，才得以进入迦南美地，在旷野中，等着天上降下吗哪来吃，击打磐石出水，白天跟着云柱走，夜晚跟着火柱走。荒野在文学中有很多表达。比如，在勃朗特三姐妹和哈代那里，荒野既是日常生活的常态，同时也是命运的象征。梭罗应当是对"荒野"这个概念贡献最大的人，除了《瓦尔登湖》，他还著有大量的动植物笔记、水文记录和山地考察日志，他发现了荒野林地的重要性。荒野的价值正在于它是大自然自己，人类强调并挖掘其经济和实用的功能则是对于大自然的贬低，荒野实在是具有可以脱离人类而独立存在的审美意义和精神层面的意义。

荒野质朴、镇静、从容、顺从，可以疗救心灵；同时荒野又有黑暗和危险的一面，能激发人类的敏感、警醒和冒险精神；荒野会让我们在现代物质世界中日趋麻木和懒惰的神经惊醒；荒野里有永恒，会唤醒人类身上沉睡的宗教感；荒野具有生殖和繁衍之力，生生不息；荒野具有原创的力量，可以颠覆模板和平均主义……荒野不朽。

中国人或者说东方人其实更关注"田园"，荒野并不是没有，而是开发过度，已经很少或者很小了。一直以来，荒野也并不处于人的视野中心和精神中心，所以，东方的历史、哲学和文学里面很少呈现过荒野和"荒野感"。相反，荒野在西方日常生活和文化构成之中一直是一个非常蓬勃的存在，在新大陆在美国尤其如此。

当然，在加里·斯奈德那里，他大概会从佛教教义和禅宗出发去理解"荒野"这个概念。他面对的是西方的荒野，而他的诗歌中的文化意味和表达方式却来自他所向往的那个东方。他后来到过日本和中国，发现那里的自然环境已经被开发过度，又不得不承认他早年对东方文化的兴趣其实是建立在误会的基础上的。但无论如何，那个早年建立在书本基础之上的误解式的影响已经产生了，而且深入诗人的写作实践和文化实践之中，于是产生出来一个美国的寒山，一个现代的寒山。

也许，我们不应该过分强调东方文化或者中国文化对加里·斯奈德的影响。他是在西方文化的底色上增添了东方文化色泽，但实际上美国印第安文化对他的影响是巨大的。如果过于强调某种文化对他的影响，那也是一种文化垄断主义，恰恰违背了文化生态和文化环保，这也正是斯奈德所反对的。

在我看来，诗人斯奈德其实是以东方精神去关注着西方荒野的。斯奈德的"荒野"外壳似乎是东方式的，而内核仍然是西方文化中那个最正宗的"荒野"——从《圣经》里来的那个荒野。这就是我的个人想法。这个想法来自阅读直觉，跟斯奈德本人声称不信基督而信佛陀没有关系，跟斯奈德本人是否将禅宗本土化也没有关系。

2021 年 2 月

里尔克宛如果实中的核

有两个负面的关键词，始终贯穿在里尔克的生命之中：贫穷、恐惧。里尔克了不起的地方在于，他恰恰是从这两个负面的关键词里面汲取了生命激情，尤其是创造激情，赋予它们以积极和正面的意义。

里尔克在他的诗和其他类别的作品中，常常使用"果实"这个意象，还直接写过标题为《果实》的诗，并且喜欢提及果核。里尔克曾经在给一位伯爵夫人的信中写道："我埋首工作，宛如果实中的核。"果实、果子、果核，可以说是属于里尔克的高频词。其实，它们也是带有浓厚宗教意味的词语，是《圣经》里很喜欢使用的意象。《创世记》里说——

神说："地要发生青草，和结种子的菜蔬，并结果子的树木，各从其类，果子都包着核。"事就这样成了[1]。

这里写到果子的时候，还特别强调了一下果核的重要性，后来亚当、夏娃偷吃了智慧树上的果子，被逐出伊甸园……果子或果实的宗教意味最充分地体现在圣灵的意义上："圣灵的果子是仁爱、喜乐、平安、忍耐、恩慈、良善、信实。"

被贫穷和恐惧包裹起来的里尔克，变成了一个"其实毫无胜利可言，挺住便意味着一切"的坚忍的内核。这贫穷和恐惧，在诗人极具创造力的人生里，渐渐生长演变成丰腴的果肉，依然将诗人这个内核紧紧包裹。当一个艺术家愿意直面他与现实生活之间一直存在着的这样那样的困境时，巨大的弹性和张力便产生了。这正是艺术本身所需要的养分。里尔克将贫穷和恐惧这两个负命题转化成了他个体生命中的另一个正命题——"神使我在受苦的地方昌盛。"

谁能知道，宛如果实中的核，被贫穷和恐惧的果肉包裹起来的那个诗人，在有着不为人知的痛苦的同时，或许发生了某种化学变化，也还有着不为人知的愉悦？

纵观里尔克的一生经历，他确实从贫穷获得了激情。贫穷是上帝给里尔克的一份礼物。当然，没有人会喜欢

1. 引自中国基督教三自爱国运动委员会、中国基督教协会编译：《圣经》，2003年版。

这份礼物，但是有的人偏偏就有能力从这份颜色黯淡的沉重礼物身上看到恩典。用"诗穷而后工"来解释他的情形，似乎并不完全，也不太恰当。在里尔克与贫穷的关系之中，里尔克起初是完全被动的。他一直为客观上的经济和生计所逼迫，并为此苦恼，但渐渐地，诗人认为现实应该向艺术妥协，而不是反过来——艺术向现实妥协。于是，为了自由，贫穷从某种主观意义上说，成为他个人意志选择的一部分。诗人面对贫穷时的被动状态演变成了半被动状态；往下继续，久而久之，在生存困境和艺术创造的过程中，诗人以追求修士生活自居，竟感受并意识到了贫穷之于他的创造力的意义，以及二者之间非常微妙的关系。于是，在这种半被动的关系里，诗人渐渐变得主动起来；在与贫穷的关系里，他成了主动者。最终，诗人学会了使用贫穷这份礼物，并将它变成了创造的激情。

哪怕只是选择里尔克《定时祈祷书》的第三部分"贫穷与死亡"来阅读，都会发现他太擅长写贫穷了，他是写贫穷的能手。诗人将修士、朝圣者、都市现代人及上帝的痛苦融合在一起，写下了那么多与贫穷相关的诗节。诗人对贫穷的尖锐感受直接成就了他的这些诗篇，像《主啊，我们比贫穷的动物更加贫穷》《他们不是穷，他们只是"不富"》《因为贫穷是来自内心的一道伟大光芒》《你是穷人，你身无分文》《穷人的房屋像祭坛的圣龛》。

请允许我套用一下海子的句式——"幸福说：'瞧，这个诗人／他比我本人还要幸福。'"来描述一下里尔克吧，就成了——"贫穷说：'瞧，这个诗人／他比我本人还要贫穷。'"但实际上，这个诗人从贫穷里汲取了多么富裕的养分啊。

里尔克一生贫穷。他从大学辍学，早早地将自己定位成自由撰稿人，没有固定工作，没有稳定收入。而不管钱来自何方，一旦沾着钱，他便"穷人富过"，过一天算一天；而待到稍有盈余，那就更大手大脚，跨国旅行并住高级宾馆。里尔克永远在寅吃卯粮。

当他写出《秋日》这首著名的短诗的时候，同样也正处于物质生活极端贫困之中。这首诗写于1902年秋天的巴黎，那时他刚刚来到巴黎不久，不得不蜗居在这个城市那昏暗、肮脏的下层街区。但是，他从研究对象罗丹身上看到了一个艺术家应有的方向，同时异国文化打开了他的视野，这个年轻诗人浑身充满了创造的热情。所以，贫穷非但没有压垮诗人，反而让他整个身心更加昂扬和激越起来：

> 主啊！是时候了。夏日曾经很盛大。
> 把你的阴影落在日晷上，
> 让秋风刮过田野。

让最后的果实长得丰满，

再给它们两天南方的气候，

迫使它们成熟，

把最后的甘甜酿入浓酒。

谁这时没有房屋，就不必建筑，

谁这时孤独，就永远孤独，

就醒着，读着，写着长信，

在林荫道上来回

不安地游荡，当着落叶纷飞。

（冯至　译）

　　我看过一篇由懂德语的人写的关于这首诗的文章，
文中质疑这首诗开篇的译法。这首诗的德语原文中，"主"
的后面是一个冒号，是这样的——"Herr:"。我找到
了读不懂的德语原文，发现确实如此。而冯至的译本应
该是由德语原文译出的，不知道为什么这里出现了这样
的标点符号问题。这就麻烦了。改动一个标点符号，导
致对这首诗的内容理解也发生了一些变更。如果按照德
语原版，第一行前面半句应该是"主：是时候了"。看来，"是
时候了"这句话是由上帝自己说出来的，而不是像译文
里那样由人类向上帝请求而说出来的。说话的主体不一

样了，全诗的宗教意味由此加重。我又找到这首诗的英文版，开头是"Lord, it is time"，跟汉语译法是一样的。难道在从德语翻译成英文时也产生了同样的错误吗？当然英文未必只有这一个版本，我只是查到其中之一而已。

后来，我又查找了里尔克其他诗歌的德语版。我不认识德语，却发现诗人在不止一首诗中使用过由"Herr:"开头引出的诗句，看得出这是诗人偏爱的一种表述方式。如果把这些地方全都理解成是上帝在说话，语义上肯定是讲不通的。那么，我们可否更换一种思路来理解这类表达呢？我们可以理解成写信。就像我们平时写信一样，一上来，先要写出收信人的名字和称呼，然后紧接着在这个名字和称呼的后面，一般都要加上一个冒号，比如，"李先生："'"王老师："'"里尔克："……接下来，冒号后面的那些话，是谁说的？当然不是由叫这个名字或被如此称呼的收信人说的，仍然还是写信人说出来的，是写信人对着称呼中的那个收信人来说的。"Herr"这个词在德语中是"主人""先生"的意思，一般指男性，后面可以加上姓氏，具体表示某位先生。在这首诗中的具体语境里，"Herr"就是指上帝。在它后面加个冒号，确实是写信的格式。所以，在这首诗中，一上来，诗人就采取了这样一种类似给上帝写信的方式来开口。给上帝写信，对上帝倾诉，当然就是祈祷了。于是，我想，"Herr:"这样的写法，也完全可以看成一种宗教祈祷的固定格式吧。里尔克在《定时祈祷书》里也用过这样的格式——一上来称呼一下"主"，然后来个冒号，冒号后面紧接着就是诗人想说的话，是诗人要向这个"主"倾诉的话。诗人想对上帝说什么呢？想说"是时候了"。这是一种明显的下对上的祈祷口吻，所以，冯至就适当地根据阅读理解习惯在汉语中把语气表述成为"主啊！是时候了"。可见，这样翻译是正确的，没有什么问题。

这首诗在内容上有明显的三维视域。第一自然段涉及上帝，用了祈祷的口吻；第二自然段写到大自然，用了祈使句和一大堆使动用法的动词，明显是命令式口吻；第三自然段写的是人——在上帝主权之下和大自然之中的人类，并由室内写到了室外，写了人的活动和行为，最后以"落叶纷飞"这样一个暗示飘零和漂泊的动感意象来结尾。这三个自然段在形式上分别排列为三行、四行、五行，于是使得整首诗在语义和节奏上有着明显的递进关系。

第二自然段写到果实渐渐成熟及人酿酒的过程，这往往引人联想到艺术家的工作其实也是一个与此类似的过程——包含诸多主动行为的复杂的创造过程。写这首诗时，还不到二十七岁的里尔克正待在罗丹工作室里，为写罗丹评传做准备。他在罗丹身上看到了一个艺术家应该具有的最重要的品质，即永远不停地劳作。正如罗丹自己所说："我以为工作便是不死的生命。"里尔克后来在《罗丹论》里将这个观点进行了深化："人们终有一天会认识这位伟大艺术家所以伟大之故，知道他只是一个一心一意希望能够全力凭借雕刀的卑微艰苦劳动而生存的工人。这里面几乎有一种对于生命的捐弃。"那时候的罗丹成为那时候的里尔克的榜样。

"谁这时没有房屋，就不必建筑，/谁这时孤独，就永远孤独"，这两个句子在这首诗中非常显眼和突出。首先，显眼和突出在位置上。这两句被放置在这首诗中这样一个位置，即刚刚写了上帝、写了大自然，而正准备写人的第三自然段的开头，在全诗处于枢纽的位置。恰好在这个位置上，忽然出现了这么两句抒情性的独白，命运感一下子就被烘托出来了。其次，这两句诗在意味和句式上，简直相当于刘勰《文心雕龙》中所谈的那个"隐秀"之"秀"，想不醒目都不行。这两句让人百读不厌并且模仿无数的诗，究竟好在哪里呢？细究其语势和口吻，都是任性的。没错，好就好在了任性上，赢就赢在了任性上。布罗茨基在谈里尔克诗歌中的"另外一个向度"时，曾经指出，"诗歌中的任性是一个更好的建筑师，因为它能使诗的结构获得一种独特的氛围"。

多年以来，这首诗中的"谁这时没有房屋，就不必建筑，/谁这时孤独，就永远孤独"成为被大家热衷引用的名句，被解读出了太多形而上的意味，写的是人类永远漂泊，无家可归的困境；写的是人类个体注定都是孤独的，云云。当然，这样解读并没有什么错误。读者完全可以把一个诗人的具体困境解读成读者自己的困境，也可以解读成全人类的困境，当然可以由个人推及全人类。一首诗的外延并不是固定的，诗歌这种文体就是这样。与小说、戏剧和散文相比，诗歌的优势正在于它自带宽泛的外延。

但是了解这首诗的写作背景后，始知诗中的这两句，其产生或许并不像后来读者和评论家读出来的那么"高大上"，它是在一种非常具体的环境和非常形而下的背景里写出来的，以接近诗人个人生活的写实。联系诗人个人具体生活来这样理解这两句诗，才能使它们拥有实在的内核，也更具有可感性。

读这首诗时，可以注意几个时间节点。从时间上来看，里尔克是 1901 年 4 月底与雕塑家克拉拉·韦斯特霍夫结婚的，1901 年 12 月他们的女儿出生。里尔克在 1902 年 8 月去了巴黎，1902 年 9 月写了这首诗。

那时，刚刚发生的事情令里尔克抓狂。由于他放弃了学业，又在冲动之下结婚成家，大伯的儿女切断了大伯遗嘱中原本供里尔克用于上学的津贴，他一下子失去了唯一的固定经济来源。接下来，他的女儿出生，他完全无法承担这笔生活开销。于是他找到了万不得已同时也是无比正当的理由，去了巴黎，其实可以说几乎是从家庭逃跑出去的。他从此居无定所，在欧洲大陆游走，甚至去过非洲，从此再也没有真正地回归过家庭。

对于一个既被动又主动的流浪者，"房屋"无论从哪个角度讲，都是一个关键词。无论从何种意义上来讲，诗人对"房屋"一词都是敏感的——既是他向往的，也是他想逃离的。里尔克与克拉拉结婚之后在德国的住宅，位于韦斯特维德的长了石楠的荒野上，是一个非常原始、非常贫瘠的农场小屋，覆盖了常青藤，有宽阔的茅草屋顶。在朋友们的帮助下，他们对房屋进行了装修，让昏暗的走廊变得亮了一点，斜屋顶下的小卧室充当了里尔克的书房。两个艺术家在那荒野房屋里发奋工作了差不多有一年光景，并履行着里尔克在婚姻里捍卫各自孤独的理想。在那一时期，里尔克貌似很看重"房屋"，在将自己的新书送给妻子时，还在题献页上写了"我们给此书造了一所房子／你是我的好帮手"。可是，很快，随着孩子降生，经济压力猛增，在这个原本准备住上一辈子的地方，婚姻神话难以为继，里尔克便从这个穷人的房屋之中溃逃出去了，奔向个人自由。

在诗人刚刚从家庭逃出去之后，写下了这首《秋日》，他在诗中又一次提及"房屋"，并且使得带"房屋"的这两句成为千古名句——"谁这时没有房屋，就不必建筑，／谁这时孤独，就永远孤独"，这两句诗里包含着里尔克的无可奈何，甚至也不乏绝望和后悔。他其实是相当于在撂狠话呢。如果联系诗人当时的窘迫和狼狈，从写实角度来读，我们完全可以把"谁这时没有房屋，就不必建筑，/谁这时孤独，就永远孤独"这两句诗翻译成或者说改头换面成一种更加日常化的表达方式，"谁此时没有家，就永远别成家/谁此时未婚，就永远别结婚"，还可以说成："谁此时没有生小孩，就永远不要生育"，这样看上去也许像在开玩笑，却真正接近了诗人写这首诗尤其是写这两句诗时的处境和情形。

里尔克作为天主教徒，结婚之时曾经办理改教，却没有获得恰当的认可，导致他们后来想离婚但办理不了离婚手续，于是夫妻俩只好处于永远的分居状态。里尔克从一开始就想要一个反传统的婚姻。他与他的法定妻子克拉拉几乎从一结婚就分开了，客观上是贫穷导致的，诗人养不起家，养不起孩子；主观上，则是因为他认定一个艺术家只能艺术至上，不能有固定的家，甚至不能有固定的恋爱对象。女儿的成长过程中，他一直缺席；女儿长大了要结婚，他也不到场。他死前，也拒绝让人通知女儿去看他。里尔克倒不是故意逃避责任，而是从一开始就压根儿没打算把这些艺术之外的事情扛在自己肩上。他只把自己定位成一个艺术家，为了艺术可以放弃一切。他在早年给保拉·贝克尔的信中，就有这样的话："您知道吗？倘若我假装已在其他什么地方找到了家园和故乡，那就是不忠诚，我不能有小屋，不能安居，我要做的就是漫游和等待。"但是，这样一个原本只打算献身艺术的诗人，却一时冲动，头脑发昏，不小心结了婚并生了孩子，没有比这更糟糕的事情了。作为一个射手座——关键词为"自由"和"行走"的星座，一个四海为家的世界公民，恐怕最适合过流浪艺人的生活。他不会让自己完全属于家庭，也不会让自己完全属于任何人，所以他总是"出于亲密而委身，出于孤独而抗拒"。他在自传体小说《马尔特手记》里写道："虽然，人们来到这里是为了活着，我倒宁愿认为，他们来到这里是为了死。"他还写道："我的头上没有屋顶，雨落在我的眼睛里。"这两句话可以成为理解"谁这时没有房屋，就不必建筑，/ 谁这时孤独，就永远孤独"的线索，或者干脆说其实就是这两句诗的翻版吧。

由此可见，"谁这时没有房屋，就不必建筑，/ 谁这时孤独，就永远孤独"，这两句诗正是在诗人当时所处的具体处境与他主观自由意志中的那个理想状态发生了脱节，二者不可调和之时，他才由衷地发出貌似带有一丝存在主义色彩的感慨。诗句中的这个"谁"，首先指的是诗人自己，也主要是指诗人自己，是从诗人个人角度出发来开口说话的；其次，这个"谁"还可以指代除了诗人之外的其他艺术家，那些像诗人一样需要绝对自由和独立空间的创造性劳动者们；再次，这个"谁"，似乎也可以扩而广之，泛指天下所有的人，即全人类。这两句诗既是夫子自道，同时也像在奉劝其他艺术家及全天下之人。如果从形而下的角度更换成通俗的表述方式，那意思似乎是在说：大家看看吧，我结婚了成家了还生了孩子，可是马上就后悔了。从此以后，我决定还是不要再去经营什么劳什子家庭了，最好还是允许我在这个世上孤单一人往下活吧。那么，那些还没有结婚的人，尤其是还没有走进家庭的那些立志终生从事艺术工作的人，你们就不必去结婚了吧。那些还没有盖房子的，也就不要再去盖了吧。反正每一个人都是独立个体，不过是在地球上暂住这么几十年，注定一个人来还要一个人走……如果联系里尔克写作这首诗时那个非常具体的处境和心境，这样解读，也并不是想当然。

　　纵观里尔克的一生，毫不夸张地说，他一直都在过一种"求包养"的生活。他打着艺术的旗号，求有钱有势的女人提供食宿，得以继续他的创作。他给一个又一个伯爵夫人或侯爵夫人写塞满漂亮话的信，并将作品题奉给她们，有时甚至还给伯爵和侯爵写信，请求他们为艺术提供资助，并指出这样的壮举是多么光荣，多么具有伟大的历史意义。我们这位诗人很少去找年轻的未婚小姐，即使偶尔遇到过，也以最快的速度逃掉——估计是因为那些女孩自己也缺乏经济掌控权吧。也许，这位诗人除了用才华打动别人之外，还用射手座"人畜无害"和"傻白甜"的表象来引发怜惜之情，使得他总是不乏"接盘手"为之前仆后继。举一个最要命的例子：他曾经跟画家情人露露私奔，等到两个人在外面把钱都花光了，没钱吃饭，没钱住宿，里尔克竟让露露写信向其丈夫要钱。露露不肯，里尔克就斗胆自己给露露的丈夫写信了，晓之以理，动之以情，让露露的丈夫出钱为艺术事业做出贡献。好玩的是，露露的那位"理工男"丈夫居然真的就把支票寄了去。当这位丈夫赶到现场，表示要以离婚来成全画家妻子与其诗人情人的爱情时，里尔克却感到自己那为了艺术而永远保持个人情感绝对自由的底线受到了侵犯，于是扔下露露逃跑了……我禁不住想，伍尔夫《一间自己的屋子》是否也同样适用于男性写作者？就是这样，终其一生，里尔克都是这样活过来的。我们的伟大诗人算得上幸运，他似乎赶上了附庸风雅女贵族资助并供养贫穷男艺术家这一欧洲传统风俗的末班车。

里尔克所看重的艺术家的自由里，还包含了寂寞。他提倡艺术家为了成就自己的艺术，要活得隐秘、不显著、边缘化、孤单。在写给当时的青年诗人卜卡斯的那十封信里，他以几乎恳求的口气对这个素不相识的年轻人说："亲爱的先生……你要爱你的寂寞。"但是，细究里尔克的生活，他这一辈子其实都是想寂寞而不得，于是才有了捍卫寂寞的想法，于是他才勉励自己"我已经太孤单了，但孤单得还不够"。贫穷使得他无法真正地保持寂寞，他成为一个终生的哀求者。无论他多么骄傲，至少也得去应酬那些向他提供资助的贵族们。当然，受个人身世和受母亲的影响，他从小就喜欢到贵族人家去，跟他们在一起，以他们为荣，让他们提供吃和住，并幻想自己也有一个高贵的身世。

说到此处，我不禁想起了T.S.艾略特。艾略特为了诗歌而留在英国，并且成家。盼着他回美国进哈佛从事学术生涯的富裕家人一气之下断了对他的资助。他因此不得不找了一份银行的工作，朝九晚五地去上班，一干就是十多年，甚至为了每年多挣一百英镑而迟迟不肯离开银行，去从事跟文学相关的工作，还拒绝了文人朋友在经济上对他的救助。艾略特与维维安的婚姻从一开始就是悲剧，可是他决定为自己冲动的选择负全责，这个全责包括经济上的、身体上的、个人欲望上的、道义上的、名誉上的、时间上的……直到最后他不得不离去，仍一直为此怀着痛苦和忏悔，这桩婚姻成为他走向宗教救赎的原因之一。两相比较，里尔克为了艺术而在生活中全方位地追求个人的绝对自由，不惜走在崩溃和毁灭的边缘；艾略特恰恰相反，为了艺术而在生活中全方位地克制自我欲望，约束个人行为，从而通向了另一种更为宽广的自由。是的，我写过一篇文章叫《向T.S.艾略特致敬》，"致敬"二字并不是随便说出口的，这世界上真正值得致敬的人其实很少。从诸多方面来讲，我都可以毫不犹豫地说出向T.S.艾略特致敬，却无法说向赖内·马利亚·里尔克致敬。我对里尔克的态度是非常佩服，却无法致敬。

即使他的生日跟我的生日是同一天，我也没法致敬，我太了解这一天的生日密码了——为了个人自由而宁愿头破血流，天翻地覆慨而慷。

还可以对比一下与里尔克几乎同时代并且同样出生于布拉格的那位卡夫卡。相较于里尔克在生活上和文学上那显得有些盲目的自信，卡夫卡就太不自信了。卡夫卡是保险公司职员，专管工伤事故方面的赔偿工作。他是一个恪尽职守的优秀员工，他用这份工作养活自己。他总是出于自我怀疑而一次又一次地逃婚，还想焚烧自己写下的作品。在现实中看不出卡夫卡有什么反抗行动——身为巨蟹座的他几乎从不外出旅行，只是待在原地不动，把对原生家庭对他的伤害及小职员生涯的荒谬体验都写进了小说里。他用小说产生的内部压力来反抗来自世界和生存的外部压力。卡夫卡活得特别令人省心，不给别人添麻烦。他当然也有麻烦，但他都争取放到自己的小说里去解决。卡夫卡永远一蹶不振，里尔克总是愈挫愈勇。

话说回来，如果要求里尔克跟艾略特一样自律且能承担，或者至少跟卡夫卡那样干脆不结婚，不去麻烦他人，同时又能像这两个人物一样作为一个敬业的职员来养活自己，利用业余时间写作……那么里尔克就不是里尔克了。里尔克的性格里原本就有着那种专门给自己制造困境的特征，他当然拥有人类共有的困境，但如果缺少了他自己出于天性而无意中制造出来那样一个又一个具体的困境，那么他便缺少了很多创作诗歌的契机。具体到这首《秋日》，如果他没有离开妻子和孩子去流浪，便不会有"不安地游荡，当着落叶纷飞"那样的漂泊者的激情和无家可归的激情，也便缺少了正视这种个人处境的勇气，那么我们就不会读到这首《秋日》了。

如果换一种思路来看里尔克诗中的漂泊和无家可归，对于像他这样的一个射手座人士来说，也许并不一定只意味一种困境，很可能还意味着自由和解放。也就是说，这种漂泊和无家可归，对于里尔克，其中除了无可奈何的成分，其实还带有自我追求的成分。里尔克在任何一个资助他的贵族的别墅和庄园里，无论环境多么豪华和舒适，他都无法久居。住上一阵子，他就自己跑掉了。是的，对于射手座来说，"漂泊""无家可归"其实完全可以是"旅行"的另一种说法或者代名词。大概射手座人士都酷爱旅行，尤其是去国外旅行。旅行之于射手座，犹如美食之于金牛座。在异质文化中的旅行，对于射手座来说有着促进精神成长的巨大意义。里尔克作为德语诗人，去俄罗斯旅行对于他的生命和创作起到了分水岭的意义，而法国巴黎则是他终生的心灵上的故乡。他刚学了几个月俄语，就胆敢翻译俄语诗并拿到杂志上去发表，就胆敢跑到俄罗斯去跟人面对面交谈。同样，他说着磕磕绊绊的法语开始采访罗丹并为其工作，而到了晚年，他竟已经能够比较娴熟地用法语写诗并出版受欢迎的法语诗集。换一个角度来看待这个问题，由于天性使然，里尔克一生迷恋学外语和跨国生存，他从一开始写作，就没有把自己囿于某国界某语种之中。他一上来就把自己国际化了，至少是欧洲化了。他简直是一个"欧盟"概念的践行者。假设当年的各种客观条件能像我们今天这样发达和便利，相信他一定会是"地球村"的践行者。

里尔克的旅行是真正的"穷游"。每次出发前连旅费都成问题，而一旦稍稍落实了旅费——不管钱是从哪儿得来的，稿费或者他人资助——只要有一点儿出发的可能性，他就不管不顾地上路了。他遍游各国时，是在19世纪末和20世纪初。仅从交通工具和通讯方式上来看，那个时代的旅行跟大地的接触感多么真切，是可想而知的。正是这样的旅行，让里尔克的生命和视野都变得广袤起来。途中和驻足地的景象成为他诗中的回响，让他的诗充满力量。就是这样，贫穷并没有阻止诗人旅行，相反，贫穷使诗人更擅长抓住一切机会去旅行，绝不放过任何"在路上"的机会。诗人因为贫穷而漂泊，因漂泊而自由，因自由而富有创造激情。最终，他以他的创造力超越了人类和个人的所谓"困境"。

是的，如此看来，"谁这时没有房屋，就不必建筑，/谁这时孤独，就永远孤独"这两句诗，除了有着孤独和悲壮的意味，其实很可能还包含了一个人自由行走的欣悦和飞扬之感。

除了"贫穷"，里尔克生命中另一个不可忽视的负面关键词则是"恐惧"。恐惧，同样被诗人转化成了创造的激情。

里尔克不止一次写到死亡与恐惧。当然，结论很可能是生与死是一体的，是同一个事物的两面，不应该有恐惧。然而，既然已经这样写了，便足以说明那恐惧无论如何还是存在的，而且是不容忽视又需要克服的吧。比如，在将神话诗歌化的那首《俄耳甫斯·欧律狄刻·赫尔墨斯》里，直接越过生死两茫茫，写到了冥界和地府，写到了亡魂、幽灵和冥王。诗人带领读者随着诗中人物进入阴间之旅，幽深、晦暗、地形复杂，像矿井，像地铁隧道。这种身临其境之感本身就是带着强烈的恐怖气氛的。而这首诗中的主人公，当然也是神话中的主人公，由于被像一只狗那样的恐惧紧紧尾随着，忘记了不准回头张望的命令，使得自己沦为恐惧的牺牲品，最终未能完成解救妻子的使命。

相比之下，里尔克的短诗《严重的时刻》里所写的恐惧，似乎更加典型。这里选用的也是冯至的译本：

> 此刻有谁在世上的某处哭，
>
> 无缘无故地在世上哭，
>
> 哭我。

此刻有谁在夜里的某处笑，

无缘无故地在夜里笑，

笑我。

此刻有谁在世上的某处走，

无缘无故地在世上走，

走向我。

此刻有谁在世上的某处死，

无缘无故地在世上死，

望着我。

初读此诗，感受到一种纯粹的动物式的恐惧。

再次读，多遍读，会感到这首诗中有一种回音。诗
人承担了先知的角色，似乎有天使正在空中说话，说这
说那，"此刻有谁……"天使的声音从空中传到地上又
返回，于是形成了激荡的回音。这种回音，似乎也带给
人些许的恐惧，至少是恐慌。

全诗四个自然段使用了完全相同的句式、基本重复
的文字，只是改变了其中个别字眼。这很像中国《诗经》
中《硕鼠》《伐檀》那样的"节对称"。这样呆板的四
个自然段，每一段都是一个没有使用问号的疑问句，这

样有意进行的重复，贯穿起"哭""笑""走""死"
四种状态，似乎正是可以代表人的一生的四种状态。
完全相同的重复句式让人感到诗中所写的四个时刻真
的是非常严重的，同时，句式的高度重复也在诗人和
阅读者的心中形成了一种恐怖，严重到令人恐惧的地
步。而在这严重到恐怖或者说严重到令人恐惧的状态之
中，"无缘无故"这个词像幽灵一样一遍一遍地出现，
又给严重的事态增添了一丝诡异。也就是说，世上的
"哭""笑""走""死"这些重大时刻，全都是无缘
无故地发生的，是不确定的，充满了变数，没有逻辑可
以依靠，没有规律可循，是人类本身无法真正掌握和控
制的。人类也正是由于对这种"无缘无故"的来源不可
知，所以才更加感到危机四伏和朝不保夕。那么读者心
中不禁充满狐疑：这个叫作"无缘无故"的事物，它的
制动器操纵杆究竟掌握在谁的手中呢？诗里没有回答。
对诗里的疑问句，并没有回答，因为诗人没有确切答案，
或者说他的答案并不成熟，也就不肯说出来了，这使得
全诗在事态严重之中又笼罩上了一层神秘。

　　正是人类无法掌控这种"无缘无故"，才感受到了
真正的恐惧。

　　这首《严重的时刻》里面的恐惧，连同上面提及的
那首《俄耳甫斯·欧律狄刻·赫尔墨斯》里面的恐惧，
从根本上来讲，都属于一种哥特式的恐惧。我不知道使

用"哥特式"这个词语来形容这种恐惧能否表达得清楚。这种哥特式恐惧可以不知不觉地在读者心中引发出崇高之感。这里所说的崇高，并不是康德所认定的那种主体既有对恐惧的感知能力同时又有道德理想的崇高，而是一种伯克式的崇高——它可以无关道德因素，而只是人在面对痛苦、危险、巨大、模糊、突然、无穷、中断、强度等事物时体验到对自身处境的威胁，从而产生出来的那种恐惧本身，就可以引发出崇高之感。

具体到这首《严重的时刻》，这种哥特式恐惧在这首诗里表现为忐忑不安、空虚、孤独、阴冷、荒凉、奇诡、寂寥，仿佛正面临着一个无底的深渊，随时会被无边无际的黑暗所吞没。诗中的"无缘无故"似乎来自一种模糊的、潜伏于暗处的，或许还越来越大以至无穷的力量。这种力量在全体人类的命运之中运行着，也在每一个个体的命运之中运行着。请问，这种力量来自哪里？到底是谁，在暗中或是在高处遥控着这一切？

在这首诗中，人与人之间的关系似乎遥不可及，里面的"我"似乎也不是特定地具体地指向诗人自己，而似乎是对于人类的泛指。由此看来，诗人似乎试图写出一首关于客观真理的诗篇。

但是又不尽然。每一首客观真理诗篇背后都有主观的源起，每一首形而上诗篇背后都有可能隐藏着形而下的事件或瞬间的诱发，即使没有形而下的诱发，至少也会与某个阶段的生命状态相关联。这首诗写于 1900 年 10 月中旬，写于柏林的施马根多夫，那时里尔克还不到二十五岁。那段日子，他刚刚离开沃普斯韦德的画家村，逃离那同时对他抱有好感的一对艺术家闺蜜——雕塑家克拉拉·韦斯特霍夫与画家保拉·贝克尔——也许她们正在某种程度上威胁着他作为艺术家的平静和独立。他回到了他的母亲兼情人兼导师卢·莎乐美的身边，莎乐美明显对他感到不满和不耐烦，明显想摆脱他，决心收回她对他的关照，甚至彻底绝交。他离开画家村那两位闺蜜艺术家之后不久，就在这同一个月份里，保拉·贝克尔一边给里尔克写暧昧信件，一边又跟一位威严强大的长者订婚；克拉拉·韦斯特霍夫则明显地对里尔克表示了好感……里尔克就是在如此混乱的心绪和各种不确定的关系之中，写下了这首《严重的时刻》。那么，他写这首诗时，是不是感到了自己将被一种说不清、道不明的"无缘无故"的力量所裹挟，并且产生出了一种难以挣脱命运网罗的恐惧？"哭""笑""走""死"都将失去个人控制而发生吗？

事实上，接下来，里尔克在写下这首《沉重的时刻》之后的第四个月果然失控了，几乎是毫无征兆地宣布与克拉拉订婚。同时，莎乐美宣布与他永不来往。又过了两个月，他就跟这个刚刚熟悉起来的女人克拉拉结了婚。又过了五年，保拉·贝克尔死于难产，再到后来，在互不联系几年之后，里尔克与莎乐美又和好了……哭我、笑我、走向我、望着我，这一切全都发生得"无缘无故"！这首诗既是客观真理之诗，同时也不小心成了诗人现实生活的一则写照，甚至是一则预言。

其中，那位与里尔克一直存在着某种情意的画家保拉·贝克尔，婚后为捍卫自己的艺术家事业而离家出走，而后又迫于各种压力不得不返回家庭，紧接着死于难产。1908年里尔克在写给保拉·贝克尔的《安魂曲》里有这样的句子："因为一个古老的敌意在某处／存在于生活和伟大的劳动之间。"当然这个句子有各种翻译方法，有的译成："因为不知在某处，存在着一种古老的敌意／介于我们的生命和我们的伟大工作之间。"还有的译成："因为生活和伟大的作品之间／总存在某种古老的敌意"……后来的这两行诗简直与他八年前写下的这首短诗《严重的时刻》遥相呼应。《严重的时刻》里的"某处"，就是《安魂曲》里所说的那个"古老的敌意"所在的"某处"或"某种"吧。这"古老的敌意"无缘无故地插入艺术家们的生命里，直接导致艺术家的困境甚至灾难。

1900年里尔克写下《沉重的时刻》时，他其实早已从自己混乱的生存处境里预知了这种"古老的敌意"。那时他只是将这种"古老的敌意"命名为"严重的时刻"。而当保拉·贝克尔的死讯传来，他更加感受到了这种"古老的敌意"的存在和彰显。他表示愿意直面这个艺术家必然的困境，于是他将这种困境从"严重的时刻"进一步命名为"古老的敌意"，又在这句带有"古老的敌意"字眼的诗句后面紧接着写道："我愿看清并说出这个敌意：帮助我。"

可以说，"严重的时刻"就是"古老的敌意"，"古老的敌意"就是"严重的时刻"，它们是诗人对于同一个命题的分阶段认知，这种认知是在不断地加深着的。这时刻和这敌意，因古老而无缘无故，因无缘无故而古老。这种"严重的时刻"或者"古老的敌意"想必存在于所有人的生命之中，而相比之下，则更加明显地存在于艺术家的宿命里，横亘于生活和伟大的作品之间。

《严重的时刻》这首诗中确实弥漫着说不清、道不明的恐怖，给读者造成恐惧之感。恐惧，确实是里尔克生命中除了"贫穷"之外的另一个关键词。

爱尔兰诗人理查德·墨菲在评论谢默斯·希尼的某一本诗集时，曾经说过这样的话："我将它看作艺术对于恐惧的胜利。诗集中的每一页都有着对于死亡的恐惧，但它将恐惧置于艺术的控制之下。"这样的话语同样也可以拿来评论里尔克。当然，相比之下，里尔克的恐惧似乎更加宽泛，也更加强烈。里尔克的恐惧几乎来自四面八方，比如，对为生存而不得不沦为平庸小职员的恐惧，对困于一隅无法远行的恐惧，对谋生伤害艺术的恐惧，对在一切关系中自我完整性遭到破坏的恐惧，对在爱情中失去个人自由进而殃及艺术的恐惧，对艺术创作不能实现永恒的恐惧，对由贫穷催逼出来的紧迫感的恐惧，对昏暗角落的恐惧，对疾病的恐惧……当然也有对死亡的恐惧，对死后去往哪里的恐惧。因热衷书写死亡而知晓死神模样的里尔克，在临终时也表现出了强烈的求生欲，直到最后他都还在谈论着那"无垠广漠"。

是的，里尔克解决所有这些恐惧的办法是：面对，看清，说出，写下……最终超越。

里尔克宛如果实中的核。这枚被贫穷和恐惧包裹着的果核，终于以整个人生为代价，发育长成并结出了闪闪发光的艺术果实，沉甸甸地压在苦难的枝头。莱纳·马里亚·里尔克从学徒变成了大师。

2021 年 4 月

骑士洛尔迦
奔向死亡

双子座的人中有很多都是语言天才。洛尔迦旅居美国时不学英语，似乎是像后来的中国诗人顾城那样以拒学外语来捍卫母语的纯粹。但是，这并不妨碍他成为母语（西班牙语）的狂人和超人。洛尔迦画过一幅诗歌天体图，他把自己画成了被众卫星围绕在中间的那颗最大的行星。

最早读洛尔迦，当然是那首在中国传播甚广的《哑孩子》，而他最打动我的诗篇，当属涉及死亡主题的两首诗，一首短诗，一首长诗。

短诗是《骑士之歌》：

科尔多瓦。

孤悬在天涯。

漆黑的小马，圆大的月亮，

橄榄满袋在鞍边悬挂。

这条路我虽然早认识，

今生已到不了科尔多瓦。

穿过原野，穿过烈风，

赤红的月亮，漆黑的马。

死亡正在俯视着我，

在戍楼上，在科尔多瓦。

唉，何其漫长的路途！

唉，何其英勇的小马！

唉，死亡已经在等待我，

等我赶路去科尔多瓦！

科尔多瓦。

孤悬在天涯。

（余光中 译）

　　死亡里不仅有绝望和悲伤，还可以有激昂，甚至还
会有开阔和向上，甚至有的死亡里面还会有重生。这首
诗里没有写到重生，但是其内容和语调之中，激昂是有的，
开阔和向上也是有的。

"科尔多瓦"在这首诗中，既像是死亡的象征，又仿佛永恒的象征。那匹"漆黑的小马""漆黑的马""英勇的小马"则正是这死亡和永恒的具体执行者。被执行的对象是谁呢？当然是"我"，是骑士。科尔多瓦是西班牙南部城市，离同样位于西班牙南部的诗人家乡——格林那达并不远。不过按照西班牙原本不大的版图来说，就是离首都马德里也不至于太远，但在这首诗中竟然遥远到"科尔多瓦／孤悬在天涯"，以至于"今生已到不了科尔多瓦"。为什么这位日夜兼程的骑士到不了科尔多瓦了呢？因为"死亡正在俯视着我，／在戍楼上，在科尔多瓦"。"死亡已经在等待我，／等我赶路去科尔多瓦！"也就是说，这位骑士只能无限地接近科尔多瓦，却最终无法真正地抵达科尔多瓦。无限接近而永远无法抵达，这多么类似于数学里的那个用"∞"来表达的"无限"或"无穷"的概念，这个概念既是数学的，也是哲学的，甚至还可以是神学的。

　　这首诗从头到尾都充满了死亡预感。预警发出，前方高能！但是，诗中这位骑士并不打算及时规避，而是继续进发，朝着那已知的死亡一刻不停地进发。在读这首诗时，似乎能听到贯穿全诗的马蹄声，"嗒嗒嗒，嗒嗒嗒嗒……"有一种明知山有虎偏向虎山行的勇敢和悲壮。这首诗里还充满了强烈的宿命感。这位骑士完全可以调转方向往回返，也可以拐弯，甚至停下来，而不是像现在这样朝着同一个方向一直奔走下去。换句通俗的说法，这明明是去找死啊。是的，为什么有了死亡预感却不肯躲避呢？因为这位骑士知道死亡就是自己的宿命，既然是宿命，是怎么躲也躲避不了的，既然躲避不了，那为什么还要躲呢？那倒不如直接去面对。于是，他不是主动而是被动地迎了上去，去拥抱死亡。这位骑士虽然不得不选择迎上去，但毕竟还是迎了上去，而不是退缩。所以，这位骑士依然是一个勇士。当然，出于同样的原因，他比那种主动出击的莽汉更多出了一层悲情。这位奔波在原野上的骑士是孤独的，是孤绝的，陪伴着他的只有烈风、橄榄袋、月亮，当然还有那匹黑色的小马。我们不妨把诗中的这位骑士看作诗人自我的化身。这首诗人在其生涯相对早期写下的关于死亡的诗作，似乎也为诗人自己后来的死亡埋下了伏笔。

为什么选择"骑士"这个意象？我想猜测一下。这应该与《启示录》里的"末日天启四骑士"有关吧。在西方文化传统和现代文学中，人们习惯上将骑着白、红、黑、灰四种颜色马匹的骑士解释为分别代表瘟疫、战争、饥荒、死亡。世界终结之前，七印被揭开，"揭开第四印的时候，我听见第四个活物说，你来。我就观看，见过一匹灰色马。骑在马上的，名字叫作死……"其中第四位，灰色骑士也被称作"死亡骑士"，他的出现预示着死亡的降临。想必洛尔迦受到这种文化的浸润，至于诗中的"漆黑的马"与灰色的马的差别，它们的颜色上相差也并不太多，诗人在使用时当然讲究语义表达之准确，却不必过于追求知识上的精准。

洛尔迦《骑士之歌》里的这匹"漆黑的马"，不知为什么，还让我联想起了布罗茨基《黑马》里的那匹黑马。《黑马》是布罗茨基在非常年轻时写下的一首诗，那是无法与黑暗融为一体的黑马。"在那个夜晚，我们坐在篝火旁边 / 一匹黑色的马儿映入眼底。""它仿佛是某人的底片。/ 它为何在我们中间停留？"……到了最后，这首题为《黑马》的诗的末句实在令人难忘："它在我们中间寻找骑手。"这里的"它"指的当然就是黑马，那么，这匹黑马正在寻找什么样的骑手呢？布罗茨基的这首诗里没有说。那么，如果猜测一下，布罗茨基《黑马》里的那匹黑马大概就是要寻找像洛尔迦《骑士之歌》中的骑士一样的骑手吧。暗夜里，在荒野中，在漫漫长路上一刻不停地跋涉，铿锵地朝向那命定的目标前进，即使那目标是虚无，是荒诞，是悲剧，也要昂然担当，永不回避。黑马寻找骑手，而不是骑手寻找黑马，看来骑手是被动的，是被选中的。那么，是什么把骑手选中了呢？应该是由那匹黑马所代表着的"某人的底片"，也就是命运——被命运选中。布罗茨基的《黑马》跟洛尔迦的《骑士之歌》一样，也是一首充满了预感和宿命感的诗作。同时，在这两首诗里，用不同语种、不同翻译方式表达成汉语里的"骑士"或者"骑手"，到头来，其实也都是诗人自己的化身。当然，布罗茨基没有像洛尔迦这样明确地指出他的这匹黑马就一定跟死亡有关，布罗茨基的"黑马"比洛尔迦那匹"漆黑的马"在外延上要更宽泛一些，在内涵上也要更丰富一些。如果参照布罗茨基关于语言和诗人的关系之论述，那么，语言就是这匹黑马，语言寻找诗人，语言使用诗人，而不是相反。把布罗茨基这匹黑马理解成被历史选中的反抗者，也是可以的。如果把布罗茨基的这匹黑马理解成被上苍选中的先知或预言家，行不行呢？当然也行。那么接下来更进一步，如果把布罗茨基的这匹黑马跟洛尔迦《骑士之歌》那匹"漆黑的马"做同样理解，也理解成死亡或者理解成永恒，行不行呢？也未尝不可。

洛尔迦在这首《骑士之歌》里运用了长镜头手法。不同于蒙太奇的画面切换，这首诗从头至尾都只展现同一个单一的画面。当然，画面虽然并不发生切换，却一直是运动着的。这种长镜头画面感极强，特写恰好表现出了这个骑士赴死的决心，他的孤绝，他的坚定，他的一往无前，他的长驱直入，他对命运的服从……而恰恰是如此这般"一根筋"的表现，似乎才战胜了本该有的恐惧，实现视死如归。这首诗朗朗上口，乐感很强，有民间风味，有稚气口吻，带有明显的谣曲特征，同时它简略生成和幻想类比式的间接手法，又使得它接近一则寓言或童话。"科尔多瓦。/孤悬在天涯。"这句在诗中首尾各出现一次，遥相呼应，使得这首诗成为一个首尾圆合的结构。

说到对于死亡的预感，我不禁又想起了另外一首诗。顾城这位深受洛尔迦影响的中国诗人——我把他称为"中国的洛尔迦"。这位诗人在离生命尽头不远时，也写过一首充满了死亡预感的诗《墓床》：

> 我知道永逝降临，并不悲伤
>
> 松林中安放着我的愿望
>
> 下边有海，远看像水池
>
> 一点点跟我的是下午的阳光
>
> 人时已尽，人世很长
>
> 我在中间应当休息
>
> 走过的人说树枝低了
>
> 走过的人说树枝在长

（顾城 作）

这是一首大气的短诗。

一上来就使用了三个清晰而坚定的字眼"我知道"，不仅在内容上，而且更在语气上奠定了全诗从容镇静的基调。诗人正是用"我知道"三个字引领了全篇。"我知道"三个字里面包含着诗人对死亡的全部哲思及直面死亡的全部勇气，"我知道"这三个字在这首诗中还成了将生与死隔开的那道分界线。在这首寂静的小诗里，"我知道"这三个字几乎是大义凛然的。

我知道什么？我知道死亡正朝着我走来或者我正朝着死亡走去，这里面包含强烈的第六感，表示预感并发出预言。死亡作为最终结局，对每一个人来说都是确定的，而死亡作为一个具体发生的事件，其方式和时间则是不确定的。诗人在这里用"我知道"既表达出了对于人类死亡普遍意义上确定性的知晓，同时也表达出对于个体死亡那原本并不确定的具体事宜诸方面的直觉预知。也就是说，在诗人顾城写这首诗的时候，无论从哪一个方面来讲，死亡对于这个诗人都已经没有不确定因素存在，全部都是确定的了。

我还知道什么？我知道我已经准备好了迎接这必将到来、即将到来、很快就要到来的重大时刻。我似乎还知道死后的墓地在海边的山坡松林里，我在那样的安息之所可以从高处眺望大海。由于高处视角和下午的光线，还由于我处在另一个时空和维度来看待这人世的风景，大海看上去可能就会像一个水池。

我还知道什么？我甚至还知道人们来到松林里途经我的墓地时可能会出现的对话或者自言自语。由于松林在持续生长，我墓前的树冠会越来越大，随着树荫覆盖面积的增加，树枝距离地面也越来越近。所以，这次比上次来时，树枝看上去肯定显得要低一些。

"我知道永逝降临，并不悲伤"，诗人在这里用了"永逝"一词，而没有用"死亡"。"永逝"是动态的，而"死亡"是静态的；"永逝"在语气上比"死亡"更决绝，同时"永逝"比"死亡"包含了更多的可能性和方向性。"降临"一词用得何其盛大，何其隆重，或许会令人想起史铁生在《我与地坛》里说的："死是一件无须乎着急去做的事，是一件无论怎样耽搁也不会错过了的事，一个必然会降临的节日。"是的，这是一个节日，而且"降临"是有方向性的，一定是由上而下地发生的，既然来自上面，主权在上面，而并不属于我的自由意志范畴，那么我的努力和担心都是无用并且多余的。我所做的只有迎接这个"降临"，所以我所做的只有安静地接受，所以我"并不悲伤"。

古希腊哲学家伊壁鸠鲁认为，从严格意义上来讲，人其实不可能真正经历自己的死亡。当一个人知道自己正在死去，并且体验着即将来临的死亡的恐惧和痛苦时，说明他还是活着的，只有活着才会有知觉、有意识。而当一个人真的已经死去，越过了那个生与死的界线，他就体会不到任何关于死亡的恐惧和痛苦了。一旦过了那条界线，人便对死亡无从经历了。总之，既然任何人都不可能真正经历自己的死亡，那死亡还有什么可怕的呢？

陶渊明有诗歌《形影神》，包括三首《形赠影》《影答形》《神释》，我一向不喜欢对这组诗的那些过度解读，即使写到了祈求长生、求善立名和自然之义，也没必要生硬地把形、影、神分别解读为代表了凡人、贤人和圣人三个身份，那样解读反而削弱了这组诗涉足死亡问题的先锋性。我个人认为陶渊明这个小组诗其实是在探讨肉体、影子和灵魂的关系。经过一番仿佛剧本中的对话，他最后得出了一个近似唯物主义的结论：人生劳碌，人死如灯灭，没有灵魂，什么都没有了，统统化入了自然之中。从总体上看，陶渊明在他的大量诗作之中写得最多的就是两件事："死"和"酒"。他最担心的事情莫过于死后再也没有酒喝了。可以说在中国古代诗人里面，陶渊明是最能直面死亡并且以诗来探讨死亡问题的人了。他最后得出的结论虽然不够"高大上"，远远比不上苏格拉底的境界，但是，从来没有任何一个中国古代诗人像他这样如此频繁地写死亡，这已经是陶渊明了不起的地方了。孔子的"未知生，焉知死？"使得大多数中国人很少直接面对死亡问题，陶渊明确实是一个例外。孔子的这句话常被指责为逃避了哲学本源问题，然而从另外一个角度来说，它也是孔子"知之为知之，不知为不知，是知也"态度的一个体现——对自己不太明白的问题不胡乱发言，并不意味着就没有思考过这个问题。孔子的这句话，其实还从侧面体现出了他对死亡所采取的神秘主义的态度。

人不愿意死，无非是担心死后再也不能享受日光下的美食美景了，也不能谈情说爱了……总之，再也不可能去经历这个世界，获得来自这个世界的经验。可是，既然人从来不曾为自己出生之前未曾经历的那些时段的事情感到遗憾，为什么却单单要为死后不能经历的时段的事情感到遗憾呢？对于一个个体，生前是一片无尽的黑暗和混沌，死后又是一片无尽的黑暗和混沌，唯有在生与死之间这段属于个体人生的"人时"是明亮和清晰的，人只要好好把握生前黑暗和死后黑暗之间的这段明亮时期就可以了。而"人世"是什么？人世大概包括三部分，既包括人活着的时候的这个明亮的"人时"，同时又包括人出生之前和人死去之后的那两段黑暗和混沌。从这个角度，可以明白顾城为什么在离开世界之前，在这首《墓床》里发出了"人时已尽，人世很长"的感慨，并表示"我在中间应当休息"。

这首写死亡预感的诗里，没有那种与地狱相联结的冷酷和恐惧，反而有一丝懒洋洋、明晃晃的感觉，像"一点点跟我的是下午的阳光"这样的句子里明显有着流逝的动感，一种生命热力正在渐渐消失的安详笼罩了全诗，世界的灯盏正在一点一点地熄灭。诗人把自己死后安置在墓床里，这个墓床既不是"人间"，也不是"地狱"

或"天堂"，而就是一个墓床。它在临海的松林的山坡上，有山有水，透过松林缝隙可以看到阳光，可以听到外面的人的对话。诗中的画面感和情境感很强，完全是用一大堆人间意象来写想象中的死后体验。这就使得这首诗直接写出的死亡预感并不是冷色调的，而是偏暖色调的。一首写死亡的诗，读起来竟有"行到水穷处，坐看云起时"的安稳感和阔达感。

诗中隐含着一些貌似对立的表达方式，似乎也把死亡的悲伤减弱了一些。比如，"永逝降临"与"并不悲伤"，"海"与"水池"，"人时已尽"与"人世很长"，"树枝低了"与"树枝在长"，这是一对对在字面上貌似矛盾的表达式，后面那个词组的构成对于前面那个词组的构成起着解构的作用，这样就在一定程度上消解了死亡原本应有的恐惧和黑暗。诗人在向这个也许已经令人厌倦的人世告别，而告别之中还有着对另一个新维度将要开启的期待吧。

阅读诗歌时，应该带着个人的日常生活经验和生命体验进入诗人所表达的那个经验和体验中去。"走过的人说树枝低了／走过的人说树枝在长"，这两句使我联想到我走过的家附近的山间小路。那路面，在光秃的冬天显得最宽；在春秋两季显得不宽不窄；当夏季来临并一天天过去，随着道路两旁草木越长越茂密，从道路两旁朝向道路中间，分别遮住了一部分的路面，道路就变得越来越窄了；盛夏时节，山路毫无疑问是最窄的。在这首诗中，树枝持续生长——有一部分是朝下生长的，于是，墓床周围尤其是墓床上方的空间就变得狭小了。既然写死亡，为什么在结尾却偏偏强调生长？这里的"树枝低了""树枝在长"与前面自然段里出现的"安放着我的愿望"遥相呼应，这样看起来，诗人似乎并没有把死亡当成一了百了的终点，而是作为"在中间应当休息"的一个驿站。或许等待着把死亡当成新的起点，再次出发——那是新的一轮出发，既然有愿望，那就或许还有未来。于是，那"树枝低了""树枝在长"的句子，既是实写同时也是暗示，实写诗人想象之中墓床周围葱郁的环境，同时也暗示着死后灵魂还会继续生长吧。

就是这样，洛尔迦和顾城都写出了对于死亡的预感。

洛尔迦写死亡的诗，写得最好的当然还是那首长诗《伊涅修·桑契斯·梅希亚思挽歌》。读这首诗，我选用了戴望舒的译本。戴望舒为了向施蛰存的妹妹施绛年求婚而不得不答应远赴法国留学。在此期间，他为了去西班牙旅行而现学了一段时间西班牙语，在翻译洛尔迦的诗歌时，比较成功地把西班牙语的音乐性转化成了汉语的音乐性。这跟戴望舒个人的写作实践和创作理论主张是一样的，他所译出的音乐性是一种自由而内化的音乐性——所谓诗歌的第三种节奏，既不属于中国古典诗词的那种格律，也不是现代诗人中新格律派那种过于外在和整饬得近乎形式主义的音乐美，而是一种跟诗歌情绪相和的内在节奏。

1. 摔和死

在下午五点钟。

恰恰在下午五点钟。

一个孩子拿了一条白被单

在下午五点钟。

一箩化熟的石灰

在下午五点钟。

此外便是死，只有死

在下午五点钟。

风吹落了棉花

在下午五点钟。

氧化物散播着晶体和镍

在下午五点钟。

现在是鸽子和豹格斗

在下午五点钟。

也是一条腿对一只凶残的角

在下午五点钟。

一声歌曲的叠唱起奏

在下午五点钟。

砒霜和烟的钟声

在下午五点钟。

所有的心头里都只有这头斗牛

在下午五点钟。

就像雪上冒出汗来

在下午五点钟。

当斗牛场上盖满了碘酒

在下午五点钟。

死在他伤口里下了卵

在下午五点钟。

在下午五点钟。

恰恰在下午五点钟。

一辆柩车是他的床

在下午五点钟。

骨头和笛子在耳朵里响

在下午五点钟。

那头斗牛已在额角里哞叫

在下午五点钟。

房间里耀着苦痛的晕光

在下午五点钟。

一朵水仙似的喇叭

在下午五点钟。

已经从远处来腐蚀他的青筋

在下午五点钟。

他的伤口像太阳似的焚烧

在下午五点钟。

群众打破了许多窗子

在下午五点钟。

在下午五点钟。

啊，在下午那个可怕的五点钟！

这是在所有的钟上都是五点的时光！

这是在下午的暝色中五点的时光！

2. 流出的血

我不要看它！

叫月亮赶快升起，

因为我不要看伊涅修的血

流在斗牛场上。

我不要看它！

愈来愈明的月亮，

静静的云里的马，

和梦境似的灰色斗牛场，

那儿木栅上还插着杨柳。

我不要看它！

只望我的记忆起火烧光！

赶快去通知那些

小小的白色的茉莉花！

我不要看它！

旧世界的母牛

把她那悲哀的舌头

舔着一个溅在沙地上的

血渍斑斑嘴吻

那些纪孙陀斗牛，

一半如死，一半化了石，

哞叫得好像两世纪以来

在地上践走的厌烦。

不啊。

我不要看它！

伊涅修走上梯阶，

整个死亡压在他肩上。

他要寻找黎明，

黎明却再也不来。

他要寻找他准确的侧面像，

可是一个梦哄了他。

他要寻找他的俊美的躯体，

碰到的却是流溢出来的血。

别叫我去看他！

我不要觉得这些血的喷溅，

每次都在衰弱下去；

也不要看它照亮了

观众的座位，还落在

如渴如狂的观众的

呢绒和皮革上。

谁说我应当来看？

不要让我看它！

当他看见牛角临近

他的眼睛眨也不眨

但恐怖的母亲们

都抬起了头

于是穿过牧场

来了一个秘密的声音

这就是牧人们在灰白的雾里

呼唤他们宝贝的牛的声音
塞维拉没有一位王爷
能比得上他，
也没有一柄剑比得上他的，
也没有他那样一颗热心。
他的惊人的膂力
像一条狮子的洪流，
他的细致如画的机敏
像一尊大理石的胴体雕像。

安达卢西亚式的罗马的风
给他头上镀了金，
这个头颅的微笑，
是一枝智慧的玉簪花。
在场上他是个多伟大的斗牛师！
在山上他是个多卓越的爬山家！
他对麦穗多么温和！
对马距又多么刚强！
在露水里多么娇嫩！
在节日里又多么光辉！
对黑暗的最后一支短矛
又显得多么惊人！

但是现在他长眠了。

现在苔藓和青草

正在用坚决的手指

拨开他髑髅的花。

他的血已经唱歌而去；

在沼泽和草原上唱着歌，

滑落在变硬了的牛角里，

丧魂落魄地在雪地里蹒跚，

颠颠在它的无数蹄印里

像一个巨大，朦胧而悲哀的舌头

要在繁星灿烂的瓜达基维河边

挖出一个苦痛的潭子。

啊，白色的西班牙城墙！

啊，黑色的悲哀的牡牛！

啊，伊涅修的固执的血！

啊，他的血脉里的黄莺！

不啊。

我不要看它！

没有一只苦爵能盛它，

也没有燕子来喝它，

没有光亮的霜能冻结它。

没有歌曲，没有水仙的洪水，

也没有结晶体能给它盖上银光。

不啊。

我不要看它!

3. 存在的肉体

石头是一个做着梦喃喃小语的额角

那儿没有曲折的泉流和冰冻的扁柏。

石头是一个肩膀,它负荷着时间搁上来的

眼泪和树木、绶带和行星。

我看见灰白的雨水伸出温柔的手臂

像筛下来似的注入洪涛,

为了不给这僵硬的石头所狩获——

它分散它们的肢体但不喝它们的血。

因为这石头所狩获的是种子和云片,

云雀的骸骨和黄昏的豺狼;

可是它从并不发出火花的音响,

只造成斗牛场,斗牛场,没有围墙的斗牛场。

现在这名门子弟伊涅修已挺在石头上。

他已经完了。怎么回事? 看他的脸;

死已经把惨白的硫黄盖在上面,

他的头已经变成一个模糊的牛魔。

什么都完了。雨水流进他的嘴里，
气息疯狂似的从他凹陷的胸膛里冲出。
爱情，浸湿在他的雪一般的眼泪里，
在牧牛场的顶上融化。

他们怎么说？一阵发臭的静默躺在这里。
我们身边正有一个存在的肉体在化掉，
一个曾经和夜莺做伴的光明的肉体，
现在我们看它充满了无底的创伤。

谁弄皱了这殓布？他说的话不作准！
这儿没有人唱歌，也没有人在角落里哭泣，
没有人来踢马驹，也没有人惊吓蛇虫。
这儿我要的只是圆睁着的两眼
来看这个没有休息希望的肉体。

这里在这里看见声音刚强的人，
那些能够降服野马和大江的人，
那些躯干响朗的人，和那些
用一张充满了太阳和燧石的嘴歌唱的人。

我要在这里看见这些人，在这块石头面前，
在这个缰绳已经断了的肉体面前，
我想他们告诉我，还有什么解救，
这个被死缠住了的好汉。

我要他们教我一个挽歌，像一条
有温柔的雾和陡峭的岸的河流，
可以把伊涅修的尸体漂失掉，
从此不听见那些斗牛的喘息。

让他消失在这个给月亮照圆的斗牛场上——
这年轻的月亮模拟着一头临难不动的畜生。
让他消失在没有一条鱼歌唱的夜里，
消失在有冻住的烟雾的白色芦苇里。

不要在他脸上盖上毛巾：
我要认识那带走他的死亡。
伊涅修，你不再听到热烘烘的牛哞。
睡吧，飞吧，休息吧！就是海也要死的！

4. 逝去的灵魂

斗牛不认识你了，无花果树也不认识你，

马也不认识你，你家里的蚂蚁也不认识你，
孩子也不认识你，黄昏也不认识你，
因为你已经长逝。

石头的腰肢也不认识你，
你的遗体躺在那儿腐烂的黑缎也不认识你，
连你自己的无声的记忆也不认识你了，
因为你已经长逝。

秋天会得回来，带了它的小海螺，
雾似的葡萄和群集的山峰，
但是谁也看不到你的眼睛，
因为你已经永逝。

因为你已经长逝，
像世界上一切死者一样。
像一切跟一群善良的狗，
一同被遗忘的死者一样。

没有人认识你了，可是我歌唱你。
我要追颂你的形象和你的优雅风度，
你的著名的纯熟的技能，
我对死的意欲，你对它的唇吻的渴想，

以及你的勇猛的喜悦底下隐藏着的悲哀。

我们将要等待好久，才能产生，如果能产生的
　话，
一个这样纯洁，这样富于遭际的安达卢西亚人。
我用颤抖的声音歌唱他的优雅，
我还记住橄榄树林里的一阵悲风。

　　第一部分"摔和死"，写出了死亡事件的发生。
　　这一部分用一个时间节点"在下午五点钟"串起了
斗牛士梅希亚思死亡的全过程，包括搏斗、受伤、救治、
伤口感染、死去、众人反应等诸环节。这个"下午五点钟"
如此重要，以至于在这一部分共五十二行诗中，竟用了
大约三十行在重复"在下午五点钟"这一句诗。这一句"在
下午五点钟"像一个小锤子敲击着读者的脑袋，几乎带
有强制性地给人留下了极其深刻的印象，逼迫读者都记
住这个致命的时间。这句诗又像警钟长鸣，提醒每个人
其生命中都有一个这样的下午五点钟，即使不是下午五
点钟，也可能是下午三点钟、上午八点钟、深夜十点钟……
总之是一个注定会到来的要命的时刻。诗人如此高频率
地重复这个钟点，可能还有另外一个缘由，那就是当噩
耗突如其来，一般人的生理反应就是发蒙，大脑一片空
白。在空白的大脑屏幕上，或许只剩下了与事件相关联

的某一个特定点或者某一句特定的话语，在这里只剩下了一个时间：下午五点钟，下午五点钟，下午五点钟……这是大脑受了刺激的典型反应，正如祥林嫂变得魔怔，逢人就说阿毛一般。

我原来以为下午五点钟是葬礼开始的时间，后来才知道这其实是斗牛开始的时间。我是在看了迈克尔·波蒂洛主持的纪录片《坐着火车游欧洲》中关于西班牙的某一集，才知道在西班牙风俗中，一般都是选在下午五点钟开始斗牛的，这主要是由于那个钟点可以避开炎热的阳光。斗牛一般持续两个小时。在这首诗中，斗牛开始的时间，当然也就是梅希亚思走向死亡或者直接与死亡面对面的那个时间，甚至很可能就是他死亡的时间，也是死亡的消息传来的时间。

受洛尔迦这首诗的影响，我写过一部与死亡有关的长篇小说，就叫《下午五点钟》，在小说的首页引用了"啊，在下午那个可怕的五点钟！／这是在所有的钟上都是五点的时光！／这是在下午的暝色中五点的时光！"在那部小说里，我把下午五点钟设定为死亡发生的时间。

第二部分《流出的血》，重点写被鲜血浸染的斗牛现场。

因难以接受残忍的现实，诗人在主观上对于死亡这一事实采取了某种程度上的逃避。在这一部分，充满了对死亡的非理性态度：不接受，以及一边接受一边排斥。

这个部分在形式上写得比较自由，运用了西班牙南部安达卢西亚省吉卜赛民谣"深歌"的形式，每一自然段的行数不固定，句式长短自由，恰好对应诗人被好友之死所击中并受到震撼时那个极其感性的状态。正如第一部分高度重复"在下午五点钟"那个句子，在这个部分也有一个句子高频率地出现，出现了不下十次："我不要看它！"但是，诗人一边喊着"我不要看它！"一边还是忍不住去看了那血染的场面。有那些血为证，死亡最终还是被确认了："但是现在他长眠了。/ 现在苔藓和青草 / 正在用坚决的手指 / 拨开他髑髅的花。"即使死亡被确认，诗人接下来还是不愿意承认好友死亡的方式是既暴力又血腥的，继续说着："我不要看它！"这是多么矛盾而又真实的心理啊。戴望舒把这一部分中歌谣的意味翻译出来了，像"愈来愈明的月亮，/ 静静的云里的马""赶快去通知那些 / 小小的白色的茉莉花"，这样的句子真的很洛尔迦，当然对于一个不懂西班牙语因而无法直接去读原文的人来说，我这样说话带有想当然的成分，并无十足的依据。

第三部分《存在的肉体》，诗人痛定思痛，不得不直面死亡。

在这一部分，诗人的理性渐渐复苏。这种理性在形式上有着明显的体现：这一部分几乎每个自然段都是四行，还是较为整齐的四行；每一行的句子都较长，字数也大致相仿，跟第一部分、第二部分的短句及句子长短不一形成对比。理性之下，诗人得以近距离地端详好友的死，甚至不回避暴力和创伤："看他的脸；／死已经把惨白的硫黄盖在上面，／他的头已经变成一个模糊的牛魔。"那具没有了生命的肉体即将腐朽——"他们怎么说？一阵发臭的静默躺在这里。／我们身边正有一个存在的肉体在化掉"，这与那个曾经活生生的硬朗的躯体形成了多么大的反差。在这种对比之中，进一步从理性上认识到好友的死亡——死亡已经发生，生命再也无法挽回——直到完全确定，并且最终有了这样的句子："我要认识那带走他的死亡。"死是生的一部分，无论面对他者的死还是面对自己的死，都应该明白，这些都是人生应该拥有的经验，甚至死亡是通往永恒的必经之路。

第四部分《逝去的灵魂》，探讨死亡究竟是什么。

这种探讨主要是通过书写生与死、生者与死者之间的巨大不对称性来实现的，同时又写了死者留下的回声，以及死者对于生者的意义。在这部分中，也有一个高频率出现的句子："不认识你了"，出现了有十次之多。斗牛、无花果树、马、家里的蚂蚁、孩子、黄昏、石头的腰肢、黑缎、自己的记忆、人们，都不再认识死去的那个人，葡萄、小海螺和山峰也看不到死者的眼睛了，或者说死者的眼睛看不到葡萄、小海螺和山峰了……生者与死者在短短时间里已经完全分处两个不同世界，即使依然还在一起，却再也无法沟通了。诗人就用这种"不认识你了"及"看不到你的眼睛"来表示出一种存在于生者和死者之间的巨大的不对称，这种不对称是宇宙间最大的绝缘，也是最大的绝望。然而，紧接着，诗人来了一个转折——无论生与死有多么不对称，诗人都要纪念这位具有优雅风度和纯熟技能的斗牛士兼艺术家友人，并且用"我们将要等待好久，才能产生，如果能产生的话，/一个这样纯洁，这样富于遭际的安达卢西亚人"这样的句子表达梅亚希思的价值、意义及其不可替代性。至于最后那句"我还记住橄榄树林里的一阵悲风"，则令人联想起洛尔迦自己后来的死亡和埋葬地点——据说正是在一片橄榄树林里，想必西班牙的橄榄树就像中国北方的白杨树那样多见吧。

　　写这首长诗的时候，洛尔迦距离自己的惨死已经不到两年了。诗人似乎在这首诗里借着写好友的离去对死亡进行预习，这是写给梅希亚思的挽歌，似乎也是提前给自己写下的挽歌。

　　洛尔迦在这首长诗《伊涅修·桑契斯·梅希亚思挽歌》中所写的关于死者与生者之间这种巨大的不对称性，在米沃什的《咖啡馆》这首诗里也有很好的表述。这种生与死的不对称性或者说生者与死者的不对称性，其实普遍地存在于人类的生存经验之中，不同诗人均从个人角度出发写出了这种普遍性。

只有我劫后余生，

活过咖啡馆里那张桌子，

那儿，冬天中午，一院子的霜闪耀在窗玻璃上。

我可以走进那儿，假如我愿意，

而在凄冷的空中敲着我的手指，

召集幽灵。

以不信，我触抚冰冷的大理石，

以不信，我触抚我自己的手。

它——存在，而我——存在于活生生的变易无

　　常中，

而他们永远锁在

他们最后的话，最后的一瞥中，

且遥远如发兰廷尼安皇帝，

或者马萨给特的酋长们——关于他们，我一无

　　所知，

虽然才经过不到一年，或者两三年。

我可能仍在遥远北方的森林中砍树，

我可能在讲台上说话或拍电影，

使用他们闻所未闻的技术。

我可能学尝海岛水果的味道，

或者穿着这世纪后半叶的盛装照相。
但是他们永远像某些巨大百科全书中，
穿着礼服大衣和胸前有花边皱褶花纹的半身像。

有时当晚霞漆染贫穷街上的屋顶，
而我凝视着天空，我在白云中看见
一张桌子晃动。侍者带着盘子急转，
而他们望着我，爆出笑声，
因为我仍然不知道在人手中死去是怎么一回事，
他们知道，他们知道得很呢。

华沙，1944

（杜国清 译）

米沃什的这首《咖啡馆》写在华沙起义之后不久。
诗人作为幸存者，感到自己与死难者之间存在着一种不
对称，正是这种不对称使得诗人感到茫然无措。诗歌的
第二自然段和第三自然段就集中写了这种不对称性。死
去的人，即使刚刚死去，即使死去不久，可在死亡发生
的那一刹那，死去的人也就一下子成了过去，成了遥远，
跟百科全书中那些历史人物一样遥远，没有任何区别了。
"永远锁在 / 他们最后的话，最后的一瞥中"，而活下来
的人"存在于活生生的变易无常中"，或许活到本世纪

后半叶，砍树、演讲、拍电影、吃海岛水果、穿新式衣服照相……这种不对称，正是由那道难以逾越的生死之界造成的。如果人的共同目的地是"坟"，那么人来世间走一遭，这个从头至尾穿过的过程就显得尤其重要了。在这个过程中，尽可能更多地体会和经历事物，才能丰富自己的人生，才显得更有意义。这样看来，生死之界横亘在那里，尚在界线这边的人或者说在界线这边待得更长久一些的人，似乎比界线那边的人或早早就去了界线那边的人优越多了，也幸运多了。然而，诗歌写这种不对称性，并不是为了突出幸存者的幸运，而是为了写出幸存者的尴尬和良知上的拷问。于是在这首诗的结尾，诗人忽然发现自己不如死者的地方，至少在一件事情上诗人是不如死者的，那就是相比之下，诗人意识到自己比在起义中死去的人们更缺乏一种人生经验："在人手中死去是怎么一回事。"

面对死者这样的他者，应该知晓死者的个体意义，不愿统统地归为一个简单粗暴的名词"死者"。他们有名字，曾经有人类的体温，如果仅仅把死者"尊"起来，以死为大，当成没有任何缺点的英雄，继而使用平均主义的语汇和表达方式去写作模板化的悼词，其实是对死者最大的遗忘和不公，其实是生者对死者的居高临下之态。正因为诗人懂得这一点，所以在这首《咖啡馆》里，相对于自己的"劫后余生"，诗人对统统不得不被称为

"死者"的他们感到某种朦胧的歉疚，觉得似乎应该为他们做些什么，便在咖啡馆里召集亡灵。诗人并没有使用高亢的调门将死者架空，使这些起义死难者被符号化，成为所谓"英雄"，而是真实地表达出了自己面对他者的死亡时那种软弱、无助和困惑之感，将死者看作与生者平等的人类，这才是对死者真正的尊重。

洛尔迦是用"不认识你了"来表达生与死的不对称的，而米沃什是用人生经验的多少来表达生与死的不对称的。

死亡里的悲伤和绝望，恰恰也是由于这种永远的不对称而造成的。

米沃什活得够长，活到九十三岁。洛尔迦之死和顾城之死都是非正常的死亡，他们死去的年龄也相仿，都是三十七八岁，相当年轻。洛尔迦在 1936 年 8 月 19 日黎明，在自己家乡格林那达郊外的维慈那尔峡谷，被叛乱的长枪党杀害。顾城由于个人情感，于 1993 年 10 月 8 日自缢于新西兰激流岛。诗人自己写下的关于死亡的诗篇其实到最后全都成了他们自己的墓志铭。

2021 年 3 月

阿米亥与空中小姐

　　我读过耶胡达·阿米亥的很多诗。他无论写什么内容，哪怕是在最日常的个人经验背后，都常常会不小心昭示出或清晰或隐约的犹太宗教文化背景。他对《圣经》旧约典故信手拈来，能在自我消化之后又使人浑然不觉地将其融入诗里去。他对自己所属的那个宗教文化传统既嘲讽又喜欢，总之是很亲近的吧。不管他信不信上帝，哪怕把上帝当成挑战对象，上帝在他的创作中也是无处不在、不会消失的。虽然他的诗中体现着将希伯来语言口语化的努力，但不熟悉《圣经》的读者，对诗中那些一不小心就以暗示方式冒出来的宗教方面的"梗"，还是会有接不住的时候。

　　而他那首叫作《空中小姐》的诗，读上去却似乎全无宗教背景的影子，不会使读者产生任何与此相关的历史联想，这样倒也使这首诗显得格外清新。要知道，阿米亥可是连写爱情和性爱都要不小心抖落出《圣经》内容来的，他有时候还特别喜欢将情色与神学结合在一起来写。但是，这首《空中小姐》，我读过很多遍，都没有读出一丁点儿宗教色彩来。

当然，我依然无法判断这首诗的希伯来原文里有没有带宗教意味的语汇。至少从这篇英文转译过来的汉语译文来看，确实没有发现诗人在其他诗篇里一贯偏爱的那种宗教意味。

空中小姐说熄灭所有吸烟材料，
但她并未特指，香烟、雪茄或烟斗。
我在心里对她说：你拥有美丽的恋爱材料，
我也不特指。

她叫我把自己系紧
在座位上，而我说：
我希望我一生中所有扣子都塑造成你的嘴的形状。

她说：你是现在要咖啡呢还是晚些
还是不要。她从我身边走过
高如天穹。

她臂膊高处的小痘痕
表明她永远不会得天花，

她的眼睛表明她永远不会再度恋爱:

她属于那些一生中

只有一次伟大爱情的保守党人。

（傅浩 译）

　　这首诗很直白，很坦诚，十分口语化，读起来竟有清澈之感。诗中写的是诗人作为乘客坐飞机出行的一次经历。飞行过程中那些常规的服务细节，像广播提醒禁止吸烟、协助系好安全带、送饮料等，在一般乘客心目中不过是例行公事的程序而已，但在诗人这里却激发出了想象力，以至引起暗示和双关语的大爆发，引发了诗人一场充满意味和机趣的内心独白。同时，他又把自己的这些内心独白对应上述服务程序中的诸多细节，组构了一场自己与空中小姐的潜对话，把这场潜对话写了下来，便有了现在的这首诗。

　　诗人发挥强大的联想和类比的功力来进行"意淫"。在这里使用"意淫"这个词，并无褒义或贬义，只是一个中性用法而已。该诗从空姐提醒乘客不要吸烟，要求"熄灭所有吸烟材料"开始，于是，诗人由"吸烟材料"联想到空中小姐自身所拥有的所谓"恋爱材料"。关于吸烟材料，诗人已经列举出了"香烟、雪茄或烟斗"，那么接下来后面的三个自然段，诗人似乎是为了跟这个引出话题的"吸烟材料"相对应，自然而然地列举出了空中小姐所具备的"恋爱材料"，这才是诗人要关注和描写的重点：嘴、身材、有牛痘疤痕的胳膊、眼睛。这些身体部位的特征来自诗人作为乘客对于正在工作着的空中小姐的近距离观察，并且是伴随着空中小姐的工作一起展开的。诗人把自己的观察过程与空中小姐的工作程序巧妙地设置成同步，并将二者融合在了一起。当然，这种观察是带着诗人强烈的主观色彩的，诗人把一个公共场所之中作为陌生人的空中小姐渐渐地转变成了他个人经验里的空中小姐，一个私人版本的空中小姐。

由吸烟材料联想到恋爱材料。由座位安全带上的金属质地的插片锁扣联想到空中小姐的嘴巴形状。空中小姐送饮料时，由于诗人是坐着的，而正走到他身边来的空中小姐是站立着的，因此她的个子显得尤其高。于是，诗人由飞机正在飞过高高天穹联想到空中小姐的高挑身材。"你是现在要咖啡呢还是晚些 / 还是不要"，这样问话时，站着的空中小姐可能会略微俯下身去，所以诗人又更进一步地看清了空中小姐那胳膊上端的牛痘疤痕，还有她的眼睛。诗中以牛痘疤痕来表示永远不会得天花，说明机体已经具有了某种免疫力，而紧接着在谈到牛痘和天花的这两句诗后面又提及爱情问题，这就容易使读者在不知不觉中将"天花"和"爱情"这两样原本没有关联的事物放到一起，两相对照着来进行理解。人在打了疫苗之后就不会再得天花了，是可以获得终生免疫的。那么爱情呢？爱情对于一部分人类来说，是不是也相当于一种疾病——在打了疫苗或者发过病之后，也可以获得终生免疫。也就是说，"一生中只有一次伟大爱情""永远不会再度恋爱"？紧接着后面，也就是在这首诗的最后，诗人将观察重点放在了这位空中小姐的眼睛上。他并没有写她的眼睛长什么样子，也没有描写她的眼神，却用"她的眼睛表明"之后的两行半诗句，把这双眼睛描写得入木三分。诗人从她的眼睛里竟然读出了她的爱情观：已经谈过恋爱了而且今生不会再谈恋爱。读者读到这里只好替诗人惋惜：没戏了。

诗中的吸烟材料和恋爱材料基本上都是物质性的。只是到了诗的最后，空中小姐的眼睛具有了精神意味——诗人或许从目光中读到了高冷和严肃，或许读到了那亲切温暖的目光里其实带着职业化和程式化的意味，或者读到了来自那目光的只可意会而无法言传的不可侵犯之气息。于是，诗人凭着直觉判断，这位美丽的空中小姐绝不会是随随便便和轻浮之人。说句半开玩笑的话，她的生活作风相当"过硬"，是不会犯"低级错误"的。无怪乎，在这首诗的最后一句竟然突兀地出现了"保守党人"这样一个极其社会化甚至带有政治意味的名词。诗人用一个与这首诗标题中"空中小姐"的性质相去甚远的词语来进行调侃，既表达出了对所写对象的无可奈何的尊敬及自己心中无可奈何的遗憾，又增加了一丝反讽意味——既是他嘲，也是自嘲——而这些调侃和反讽，当然都是包裹在人性的善意之中来进行的。

这首诗是幽默且风趣的，甚至还有些嬉皮笑脸。

我承认这是一首好诗，我承认我喜欢这首诗。

我也承认，作为女性读者，在阅读过程中，我有一种轻微的不适感。这种不适感轻微得还不足以影响到阅读愉悦，似乎是可以忽略不计的。但是，这种不适感毕竟是存在的，也不应该被完全无视。

这种不适感来自哪里呢？我问我自己。

我很快找到了这种不适的缘由——男性凝视。

凝视，当然更多指男性凝视，这概念最初来自电影，指强调女性身体的性感和色情的一面，以取悦假定中的男性观众群体。后来，这个词语扩展到不仅用来涉指电影，也包括其他艺术形式。在这些作品中，男性创作者、男性观众或者男性读者是被讨好的对象，同时他们也是主体；而作品中被言说的女性及女性观众、女性读者甚至包括所有女性——人类的一半——则成为被用于观看的那个对象，当然她们都是客体。

毫无疑问，《空中小姐》是一首男性凝视很严重的诗，而且还是肆无忌惮的男性凝视。

这首诗探索空中小姐身体上的"恋爱材料"。此处，"材料"二字尤其显得扎眼，真的有将对方物化的嫌疑。

物化女性，当然是令当下现代文明中人类所不屑一顾的，哪怕你是一个伟大的诗人，也是应该遭到质疑的。我要认定诗人是在物化女性时，其实也是有一点儿心虚的，因为这首诗应该是从英文转译过来的，而原诗据说是诗人阿米亥用希伯来语写的，我实在不知道这里出现的这个汉语词语"材料"最初在希伯来语里面是一个什么性质和色彩的词语，更不知道它会不会是希伯来语中涉及宗教的词语。因为我曾经看过一篇讨论阿米亥诗歌由希伯来语翻译成英语之后发生了怎样的改变的文章，有一个被翻译成英文的与性相关的词语，在日常生活中带有很强烈的淫荡之感，但是反观该诗的希伯来语原文，出现的词语恰恰是犹太教表达性禁忌时所用的一个词语，表示的不但不是淫荡，反而是禁欲。这就麻烦了，因为在英文里压根儿找不到这样一个既表达生殖器官同时又包含性禁忌的单词，只好只将它的字面意思译过去拉倒。我举这个例子，是想说此时此刻正在阅读的这首《空中小姐》，由希伯来语翻译成英语，再由英语翻译成汉语，这样转译过两轮之后成为汉语"材料"的这个词语，在希伯来原文里未必一定具有物化的意味。语言文字是很微妙的，一种语言在另外一种语言里很难百分之百地找到对应的。在不懂得希伯来语并且也没有向懂希伯来语的人求教的情形之下，我准备暂时保持礼貌的缄默。

　　阿米亥这首《空中小姐》，还使我想起了马尔克斯的一部很棒的短篇小说——《飞机上的睡美人》。

小说中的作家或者说"我"在飞机延误的机场候机大厅里用目光捕捉到了一位绝色美人，"麦色细嫩的肌肤，绿宝石色的杏仁眼，长达腰际的黑色直发"，接下来，"我"的目光和感觉就像雷达那样一直在追踪着她。直到选了登机牌，熬过了大风雪中航班大面积延误的漫长时间，直到上了飞机，"我"竟然发现自己非常巧合地与那位美人相邻而坐。接下来，对美的敏感度使"我"高度紧张，而对方一上飞机就吃了安眠药大睡，直到八个多小时之后飞机降落，她迅速悄然离去。"我"与这位美得惊心动魄的女子如此近距离地挨着坐了这么久，一路屏住呼吸，没有或者不敢有任何想入非非，只有对美的顶礼膜拜之意。"我"一直想象着如何与这位美神发生交集，而随着飞行时间的流逝，"我"的这个幸福的夜晚就这样在对于"美"本身的五体投地和奉若神明之中不可避免地溜走了，最终"我"竟然没有找到任何机会与这位美人交谈或对视。而那位美人呢，"她在今天纽约太阳升起时消失了"。

这也是一篇男性对女性凝视的作品。这种男性凝视的缘起肯定与性有关，而且自始至终都与性有关。只是小说里面所描写的对于美的热爱像是一个"发烧友"的行为，这种热爱过于纯粹，以至于让美本身超越了性，让读者难以觉察里面还有什么情欲的成分了。这种被凝视着的美，这种一见钟情的美，很像贾宝玉那种精神含义远远大于肉体含义的博爱，既实在又虚无，几乎接近于永恒。这篇小说中的男性凝视并不会像诗歌《空中小姐》的汉译版那样引起些许不适感，倒是会让人想起下面两句名言："美啊，请为我停留！""永恒之女性，引领我们飞升。"

小说《飞机上的睡美人》和诗歌《空中小姐》写的都是作者作为乘客在航班上对所见到的美丽女子产生的感受，这美丽女子或者是女乘客，或者是正在工作中的空中小姐。在这两篇作品中，"我"与"她"连邂逅都谈不上，更谈不上是"艳遇"。作者所写的这些感受只能以想象为主体来发生，或者说只是发生在男性作者身上的一场单向而短暂的胡思乱想而已。

看来男小说家和男诗人坐飞机也不是白坐的，除了能从甲地到达乙地，还能写出作品来。所以，建议男艺术家们多坐飞机吧。

不知怎么，忽然又想起当代诗人梁晓明的一首诗——《林中读书的少女》：

　　　　纯。而且美
　　　　而且知道有人看她
　　　　而更加骄傲地挺起小小的胸脯
　　　　让我在路边觉得好笑、可爱，这少女的情态

比少女本身更加迷人

少女可以读进书本里去，也可以读在
书的旁边、读在树林、飘带似的小河，一辆轿车
也可以读在我这半老男人注意的眼光中

唉，少女，多可怜的年龄和身体
娇细的腰，未决堤的小丘和
疑狐未婚的心

少女纯白的皮肤让人心疼，而且她还读书
而且还在林中，
而且还骄傲地觉得有人在看

哪怕我走了，她还骄傲地觉得
有下一个人……

　　这首诗里有一幅充满动态的画面。

　　"多可怜的年龄和身体"，这里的"可怜"，应该
有可爱之意，但又包含着诗人对所写对象的怜爱之意。
从"娇细的腰，未决堤的小丘和 / 疑狐未婚的心"可以判
断出这里写的应该是一位刚刚进入青春期的处女，诗人
在这里带有隐喻和暗示的用语相当精妙。总之，显而易见，

无论从生理上还是心理上，这位少女都是才露尖尖角的小荷，涉世未深。

诗人在这首诗中要表达的意思很清晰，他关注的是"纯。而且美"，对单纯、洁净又美好之事物向往甚至迷恋。当然，毫无疑问，无论什么性别、什么年龄的人，无论从谁的视角出发，都会喜欢像这个正在树林中读书的少女那样单纯、洁净又美好的事物。是的，她单纯、洁净、美好得令人心疼。

跟前面阿米亥那首《空中小姐》一样，我承认这是一首好诗。当然是一首好诗，否则就不拿来谈论了。

可能由于所写的对象只是一位少女，使得我读起来感到这首诗里的男性凝视意味似乎远远没有《空中小姐》里那般严重，何况诗人在这首诗中体现出来的情感基本上是怜爱。还有，毕竟少女自己的性别意识也只是刚刚觉醒，在一般人心目中，刚刚进入青春期的少女作为一个性别符号，其中的性别意味也并不会比"少男""少年"更多。未长成的少女，给人的感觉更多的是清新，远远大于性感。男人女人都会对她产生怜爱，这很正常。也就是说，虽然难免有一丝性的意味暗含其中，但是诗中的"树林""飘带似的小河""读书"等意象都在提示着事物的勃勃生机，似乎蕴含着一种新生的力量，这首诗与何其芳的诗歌当然分属于完全不同的诗歌质地，而如果仅仅就其中情绪质地来粗略察看的话，基本上还是可以划归《我为少男少女们歌唱》范畴里的："我为少男少女们歌唱 / 我歌唱早晨 / 我歌唱希望 / 我歌唱那些属于未来的事物 / 我歌唱那些正在生长的力量。"当然，在梁晓明的这首诗中，他没有歌唱"少男"，而是单独把"少女"给拎了出来，而且是特定的某一位少女。这样的结果是，这首诗的表达效果比何其芳那首诗更加个性化，差不多成了《我为某一位少女歌唱》。这样的内容，读起来当然没有问题。

问题在于这首诗的结尾。读到结尾，出乎我的意料，确切地说，我是被吓了一跳。诗人写这个少女"而且还骄傲地觉得有人在看 / 哪怕我走了，她还骄傲地觉得 / 有下一个人……"咦？哇？诗人是怎么知道这位少女心中的想法的呢，而且还知道得这么清楚？

注意，这里不仅有男性凝视，还有男性凝视中的女性对于这种男性凝视的反应：享受凝视。

而在《空中小姐》这首诗中，诗中那位被盯着看的空中小姐很可能跟我这位站在诗外的女读者一样感到了些许不适——莫名的不适。这位空中小姐是不是下意识地用某种既不失礼貌又带有阻止意味的表情或者目光将阿米亥这位正在浑身上下打量自己的男乘客给"撑"回去了呢？这种猜测极有可能是真实的。诗人没有写进诗里去的，未必就没有发生——一定发生了一点儿什么，只可意会无法言传的什么，才导致诗人最后写道："她的眼睛表明她永远不会再度恋爱：她属于那些一生中／只有一次伟大爱情的保守党人。"再联想前面那句："她从我身边走过／高如天穹。"这位空中小姐应该真的属于高不可攀的那一类，可远观而不可亵玩焉，甚至远观也不可因盯得太久而失礼。这位空中小姐显然并不怎么肯配合诗人的男性凝视，不想成为男性凝视之中的那个客体。她不享受这种男性凝视，更不会骄傲，甚至还在那个环境之中用某种属于她自己的特有方式表达出了对于这种男性凝视的劝阻。是的，不领情。诗人最后用了"保守党人"一词对空中小姐进行调侃，用词可爱而幽默，似乎一下子就将诗中前面那些男性凝视给女性带来的可能存在的不适感都化解了，似乎把男性在自己的凝视被女性拒绝之后的尴尬也化解了。嗯，看来诗人遇到的这位空中小姐并不是假正经，人家是真正经呢。但是，作为女性读者的我，仍然不得不说，我还是感到"保守党"一词里面除了善意的幽默之外，其实还包含了一丝莫名的酸涩，当然是吃不着葡萄说葡萄酸的那种酸涩了。

我不否认《林中读书的少女》这首诗在产生现场和写作过程中，诗人的判断有可能是正确的。诗中的这个女孩也许真的"还骄傲地觉得有人在看"她，她正在享受着自己身心刚刚进入青春期的那种说不清、道不明的骄傲。别人的目光是镜子，她是敏感的；从别人看她的眼神里，她知道了自己是好看的。但是，还有另外一种情况存在着呢——刚刚进入青春期的少女也极有可能是懵懂的甚至"呆萌"的，她浑然不知自己美，也就是说，那也可以是一种不自觉的美。那么，诗人只是一个路人、一个旁观者，他是如何具有了特异功能，能判断出这位林中少女心里的想法呢？

这样发问，就会陷入"濠梁之辩"的境地。读者会询问诗人："子非鱼，安知鱼之乐？"替换成这首诗中的情形，就变成："你又不是林中读书的少女，你怎么知道她骄傲地觉得有人在看她呢？"当然，诗人亦可反问读者："子非我，安知我不知鱼之乐？"替换成这首诗中的情形，就变成："你又不是我，你怎么知道我不知道这位少女骄傲地觉得有人在看她呢？"

这首诗，如果换成一个女诗人来写，一定是另外一番模样。诗人也许会把这林中读书的少女与自我叠加在一起来写，或者把林中读书的少女当成另一个自我的存在吧。但是，她很可能干脆不提及路边正朝着自己望过来的人。万一她写到了这一点，即使她心中对于这种男性凝视并不反感，大约也不会明确承认并表达出自己甚至享受这种来自路边的凝视——这里确实含有女性自尊的问题。但是，更多的可能性，恐怕还是另外的相反的情况吧：她很可能并不享受这种男性凝视甚至产生不适感，也许还有反感。那么，她会不会用自己特有的某种方式将这种男性凝视给"撑"回去呢？

对男性凝视"掼"回去的方式，当然是公开地反男性凝视或者说挑战男性凝视。

我遇到的一桩最直接地挑战男性凝视的事情，发生在自己身上。那年我只有十二岁，同学们也大都十二三岁，班里稍微大一些的也不会超过十四岁吧。话说那个时代生活在城乡接合部刚刚迈入青春期的男生女生，不知道出于什么原因，受了什么"教育"，全都莫名其妙地彼此不讲话，表现得"男女授受不亲"，很"封建"。班里有一个男生，就坐在我的前面，记得他个子不高或者说还没来得及长开，他有一张敦实的四方脸。他有一个毛病，不分时间和场合，不分课上与课下，也不分正在听讲还是上自习，随便逮住班里任何一个女生都能盯着看，长久地盯着看。看的时候，他的眼睛一眨不眨，连睫毛都不动弹，眼神发直，全神贯注，一副永远不打算撤退的样子。对着眼前那张女生的脸，他的神情里充满了向往和呆滞，渐渐地，出神入化，仿佛溺水了一般。被他盯着看的女生，全都最终害臊得脸红，低下头去，又不能拿他怎么样，只好背地里小声地咒骂。现在想来，这位男同学一定是刚刚进入青春期，突然发现了异性的美好，感受到了性的吸引，所以才情不自禁地这样盯着女生看。可是，他的这个癖好未免过于严重了，不仅不讲礼貌，而且已经到了扰乱公共秩序的地步。我终于忍无可忍了，打算"治一治"这个男同学。我属于愣头愣脑的那种女孩，懂人事懂得比较晚，也不太敏感，干脆说吧，我比较"二百五"。这个男生坐在我正前方的座位上，他已经无数次回过头来，盯着我和我的女同桌看。他已经硬是把我的女同桌给看"垮"了。女同桌是一位内向的女孩儿，已经无数次私下里小声地骂过他"流氓"，却也无计可施。有一天下午自习课，他又回过头来了。我的女同桌在低着头写作业，他的目光正好迎上了我的脸。于是，他就专心致志地盯着我看起来，比做功课认真多了。我的机会来了。他盯着我的脸看时，我也盯着他的脸来看；他不眨眼，我也不眨眼。这次，我决定奉陪到底，永不低下头去。我的眼睛比他的眼睛大，如果单论瞪人的话，我是不会输的。我们俩就这么互相看着对方的脸，一声不吭。时间一秒一秒地过去了，我们都没有放弃，继续近距离地盯着对方的脸庞细细地瞅，认真地研究对方脸上的每一根汗毛和每一个毛孔。时间究竟过去了多久，我没有计算，反正并没有远古洪荒那么长久。忽然，在我毫无防备时，那个男同学脸色大变，变得像一块红布那么红！他率先低下了头，扭转过身去，深深地趴在了前面的课桌上……从此以后，他再也不盯着女生们看了，他改掉了他那个毛病。很多年以后，我回忆起这件事来，竟莫名觉得有些残忍，但愿这个刚刚进入青春期的小小男生没有被我整出什么心理毛病来吧。很多年以后，我才知道，少女时期的自己其实干了一件挑战男性凝视的事情，而且就其细节来说，已经接近于行为艺术。

二十七岁那年，我写了一首香水诗，叫《两个女子谈论法国香水》。这首诗写完之后，我就把它给忘了。又过了很多年，我回过头重新阅读它，把自己摆放在一个读者的角度，用比较客观的眼光去读它，才发现它虽然显得稚嫩，但完全可以看成一首典型的反男性凝视或者说挑战男性凝视的诗：

我和佘小杰坐在下午的书房里

认真地谈论起一瓶法国香水

就像谈论一宗核武器

这偶然得到的礼品

对于习惯海鸥洗发膏和力士香皂的人

竟如火星一般遥远

"你哪天有约会可以来借用"

"做女人的秘诀比古汉语还麻烦"

"有香水就标志着是女人啦"

"有了法国香水就算是女人中的女人"

这是一些花朵的魂灵

来自大西洋沿岸地中海中滨

来自艾丝米拉达和包法利夫人的故乡

女人的魅力竟能贮存在一只小小的瓶子里
由液体而气体，向四周挥发
男人们那么通感
征服他们须从征服鼻黏膜开始
世界的虚荣像连衣裙上的花边那么好看

据说如今，精致的女人必须
连内衣的款式和质地也要不同凡响
还要参考时间地点气候来制造气味
以托物言志借景抒情
把自己搞成一篇杨朔体的散文
那么我们呢，我们这些懒于梳头
让书籍埋到膝盖以上并喜欢
沾着粉笔灰高谈阔论的一群
当然就是粗糙的女人了

"其实医学杂志载文
香水可以引起某种皮肤病症
并造成一定程度的空气污染"
"最重要的或许是导致嗅觉迟钝
就像耗子产生坚强的抗药性
情欲倘若离开了香水便难以唤起
这个世界久而久之，不仅仅是男人

连立交桥也会阳痿"

　　我至今清晰地记得诗中所写的那个书房和那个太阳斜照的下午，至今记得那些深颜色的微型香水瓶。我只是把我和闺蜜在书房里的具体谈话加上我当时一些有趣想法"合成"了一下，如实地记录下来，这首诗就写成了。我的创造性仅仅在于给对话和想法做了一个笔记，又给它们分了行，并且起了个标题：《两个女子谈论法国香水》。这首诗中使用了好几处引号，就是用来区分我俩当时是怎样你一言我一语地进行这场对话的。其中加引号的话，就是我俩当时所说的原话，几乎一字未动。这首诗中的两个女主人公在性别价值观上高度相像和一致，她们是同盟。

　　这首诗发表之后，出现了一个非常奇怪的现象。不止一个男人或男诗人明确地向我表示，非常喜欢这首诗，而与此同时，也有不止一个女人或女作家公开向我表示，很不喜欢这首诗。两相对比，很有意思，很值得深思。我思考了一下，表示喜欢这首诗的男性读者，往往是一些很具有现代文明意识的人，而表示不喜欢这首诗的女人，往往是在当下男权社会里混得如鱼得水的女人，并不属于诗中两个女主人公之族类。

　　这首写于 20 世纪 90 年代的诗，里面的性别意识，就是在今天读起来仍然称得上尖锐。那时候，我在有关方面真是太敏感了，常常一个火星儿就能不小心引爆一个军火库。诗中那种尖锐的性别意识是很真实的，属于一个人正常的生命阶段。大多数时候，这种意识未必都来自观念和教育，而更多的是出于本能。

其实，挑战男性凝视，就是一种出于女性本能的创造型行为，是对性别配给制度中被动身份限定的一种充满俏皮的反抗，是一种对潜在的父权和隐形的家长制的不满，其中可能还包含对性暴力的公开指责，当然更是现代文明社会里涉及性别因素的精神独立的宣告。这个发挥了女性自由意志的行为，只是为了使两性更加平等和平衡，并不意味着要消灭女性之美。挑战男性凝视，有可能导致对"男色"的欣赏和消费，以此来对泛滥成灾的男性凝视表示"拨乱反正"，同时当然也反映出女性自己的身心审美需求。这样就更加不可能取消女性之美了，两种性别之美相克相生，彼此依靠着对方而得以存在并得以强调，其结果只能是更加突显了两种性别之美的相异之处和存在价值。挑战男性凝视，最终是为了告诉这个社会：性别方面的"愉悦的凝视"应该是双方的，而不只是单方的。只有男女双方彼此对等的凝视，方为正义。

"女为悦己者容"，这句话指的应该是为特定的某一个悦己者，并不是为全体男性。另外，这话也是通过男人的嘴巴说出来的，而不是由女人自己说出来的。女人自己没有这样讲，男人是怎么知道的呢？这样询问，又要沦为"濠梁之辩"了。退一步说，即使女人真的这么想了，要为悦己者容，那么，女人是真的出自本性并发自内心地这么想，还是被教育着、被诱导着甚至为生计而迫不得已才让自己这样想并这样做的呢？没错，其实，如果排除外在的社会因素或者使得这个外在因素发生改变甚至发生逆转，女人可能就不为悦己者容了，而完全可以只为自己容，为天地容。在此，请不要拿动物性及动物例证来反驳我。人是动物，但之所以自视比其他动物高级，则在于人类有文明。文明使人类总是强调与动物的不同之处而不是强调与动物的相同之处——人已经走出丛林成为人，就不可能再倒退回丛林去当未进化的动物。况且我完全知道想就这个问题来与我进行辩论的人，将要拿出什么样的动物例证来进行多方展示，也知道我将要拿出开屏的孔雀均为雄性来反驳对方……但是，这样的争论，前提已经是对人类现代文明的否定和蔑视，所以，一旦这样的争辩发生，我准备从一开始就压根儿不张开嘴巴，这样方算捍卫尊严——不是捍卫女性的尊严，而是捍卫人的尊严。当然，这个问题已经是另外一个话题了，已经超出这篇小文章所讨论的范畴，就此打住。

2021 年 4 月

谷川俊太郎的圆白菜，兼及秋刀鱼

一

圆白菜应该累了
但餐桌却视而不见
疲劳的原因在土里
还是在空中呢

从以前就累了吗？
或是进入十九世纪以后呢
关心的人很少
藐视地里的圆白菜是一群愚人

今晚，蘸着岩盐
吃生的圆白菜
打开别人送的葡萄酒
斜眼看着电视连续剧

可我总很在意它的形状

虽说它什么怨言也不说

松开的菜叶散乱着

圆白菜果然累了

——谷川俊太郎《圆白菜的疲劳》

（田原 译）

2020 年夏天，新冠肺炎疫情期间，我选择谷川俊太郎的这首短诗《圆白菜的疲劳》作为考试题之一，通过腾讯会议软件进行了网上开卷期末考试，要求学生给这首诗写一篇五百字以内的赏析短文。通过视频监考，看到学生们分布在全国各地各自的家中埋头答卷，打字声噼里啪啦的。我选择这首诗作为考题，主要因为在当时搜遍全网都无法搜索到这首诗的汉语版，更谈不上什么赏析文字了。这样一来，就可以避免学生在千里之外查找别人的现成答案，以复制粘贴的方式来糊弄我。

于是，学生们就在现场的屏幕试卷上赤手空拳地对付这颗圆白菜了。

考完试后，通过 QQ，不少学生私下给我留言：

"老师，还有谷川俊太郎这样的诗人可以推荐吗？我好喜欢他的诗，我好喜欢这颗圆白菜。"

"关于这颗圆白菜，我有太多的话要说，感觉五百字太少了，写起来不够，好难受哇。"

"我想抱抱这颗圆白菜。"

"圆白菜上诗了，上试卷了。"

"从没想到，圆白菜也可以做考试的主角。"

"这个学期是以一颗圆白菜来结束的。"

…………

看来谷川俊太郎的圆白菜给同学们带来很多新鲜的感受，大家牢牢地记住了这颗圆白菜。

二

接下来，我迫不及待地想知道学生们是怎么看待这颗圆白菜的。

虽然有以往的各类奇特经验做底，早有心理准备，但我还是被一部分学生惊到了。

有的学生从这首诗中读出了资本主义生产关系，读到了资本家对雇用工人的剥削："圆白菜"代表劳碌一生仍然艰难生存的无产阶级，它一直被压榨着剩余价值，渐渐感到了疲劳，如今权利意识终于被唤醒了，渴望登上象征政治舞台的"餐桌"，从而看出诗人对资本家的批判及对处于水深火热之中的工人阶级的同情。我握着鼠标，已在试卷文档中把字体调至红色，却愣在那里，不知该打个什么分数了。敢情日本诗人谷川俊太郎在写这首诗之前刚刚读过《资本论》，这实在出乎我的意料。

还有的学生认为这首诗所写的背景是落后的封建社会：来自"土里"的圆白菜代表了那些从土里刨食养家糊口，却总是地位低贱的农民或者失去土地的农民。那些藐视地里的圆白菜的人是谁呢？正是在城市里享乐的统治者。底层的圆白菜用疲劳来表达对上流社会的不满和蔑视，并准备起来反抗，而诗人则用蘸着岩盐吃生的圆白菜、喝葡萄酒这样的"仪式感"来表达对像圆白菜那样创造了历史的广大人民群众的尊重和怜惜。我还是愣在那里，握着鼠标，想打分数，仍不知如何下手。敢情日本诗人谷川俊太郎在写这首诗之前刚刚读过《湖南农民运动考察报告》——这个，我也没有想到。

还有一个学生从诗中直接读出了官逼民反，引用"兴，百姓苦；亡，百姓苦"，接着又引用"水能载舟，亦能覆舟"的古训，认为圆白菜所代表的底层人民要起义了，对餐桌上的葡萄酒和餐桌旁的电视机说："王侯将相，宁有种乎？"我握着鼠标的手，不禁哆嗦起来。我实在没有料想到，日本诗人谷川俊太郎在写这首诗之前还刚刚读过《史记·陈涉世家》。

有不少学生像提前约定好了一样，大谈特谈日本近现代历史，认为诗人是在用这颗圆白菜来影射日本社会现状。有人说这首诗写的是倒幕运动；有人说写的是明治维新的改革红利分配不公；有人说写的是"脱亚入欧"

形成的水土不服的畸形文明，具体说来，就是东方文化与西方文化不兼容——圆白菜象征东方文化，葡萄酒和电视连续剧则象征西方文化。还有一个学生从这首诗中读出了家国危难，人民分崩离析，认为原本包裹着紧紧团结成圆白菜形状的日本国民，后来竟分裂了，成了散乱着的分开的菜叶。我握着鼠标准备打分数的手，真的不知如何是好了。日本诗人谷川俊太郎竟用一颗圆白菜向日本议会提交了一份日本社会各方面现状分析报告，这颗圆白菜应该不辱使命，它简直是一颗氢弹啊。

截至考试出题，我还没有在任何一本谷川俊太郎诗集的中译本里或者汉语网站上找到这首诗的汉语译文。这首诗出自谷川俊太郎的日语诗集《未来的孩子》，2013 年由日本岩波书店出版，大概属于诗人近些年来的晚期作品吧。我不懂日语，本文中所使用的此诗的汉语译文是由其译者直接提供给我的。

我忽然想，如果我在出考题时不把这首《圆白菜的疲劳》的作者名字标识出来，或者干脆故意地把作者的籍贯误标成其他国家的诗人——比如某位美国诗人吧，那么，将会引来什么样的解读呢？想必会有一些学生从诗中读出美国独立战争来吧，想必能读出美国黑奴解放吧，想必还能读出美洲印第安弱势文化与西方白种人强势文化之间的冲突吧，当然还有原住民与殖民者的斗争，想必还能读出珍珠港事件来吧，就是读出麦卡锡主义或者水门事件来也未可知，读出中美关系也不必奇怪。

这样一想，同一首诗，以不同方式落到这样那样的读诗人，尤其是要做评论文章的人手中，其命运何其吊诡啊。

那么，索性在这个基础上继续联想下去。如果我更加恶作剧一些，直接把这首诗的作者标注成美国女诗人西尔维亚·普拉斯，会怎么样呢？我知道会怎样。有人会读出女权主义来，有人甚至还会读出性来，不必怀疑，那是一定的。如果从女权主义文艺理论来分析，可以把圆白菜看作正处于弱势配角地位的后天形成的"第二性"，这首诗写了女性独立意识的觉醒，表达了尖锐的性别对立，完全可以被看成一篇女权主义宣言；如果从所谓身体叙事的角度来看这首诗呢，圆白菜又完全可以是一个典型的性隐喻，是的，它的模样确实会令人联想到性，它的层层叠叠、严严实实的内敛状态，从诗意的角度，会让人联想到女性生殖器官，性行为就是将一颗圆白菜一层一层地剥开来，露出最深处的那个菜心或者蕊。请不要责怪我的"虫二"的扯淡的想象力，我在这里只是设想一定会有人从这样的角度来解读和评论。

这样无限联想下去，圆白菜可以象征或指代很多东西，它可以是任何事物，反正不会是圆白菜本身，它将离圆白菜越来越遥远。这样联想下去，这样去评论一首诗，是不是很可怕呢？

我想说，以上所举学生们试卷上的解答，其理解其实都不能算错，那些分析也可以说言之有理。可是这样的一些答案如果写到其他课程（比如政治、历史、经济、社会学）的试卷上，可能会更合适一些。即使伟大的文学并不排斥这些角度和因子上的考量，但如此偏颇地仅从外部宏观角度出发，用如此"高大上"的口吻去解读一首诗，还是显得太过怪异了。这样的答案把老师吓着了，也把圆白菜给吓着了。老师开始怀疑自己的智力有短板，跟不上新一代学生的步伐了；圆白菜则担忧自己当不成圆白菜了。

三

圆白菜真的是一种非常有意思的蔬菜。

圆白菜，也叫卷心菜、大头菜、包心菜、洋白菜、椰菜、甘蓝，属于十字花科，一年或两年生草本植物。见过生长在菜畦里的圆白菜吗？一排一排整整齐齐地大面积铺展着，它们一颗挨着一颗，而其中每一颗淡绿色圆白菜都呈圆球状，紧致清脆，被包围在几层向上翘起来的墨绿色大叶片的正中央。它在那里面就像一个胖宝宝被裹在了襁褓之中，现世安稳，岁月静好。

记得美国一位新乡土派诗人在他的诗中写到在厨房里用刀切割这种蔬菜的过程。在我读的那个版本里，圆白菜被翻译成"卷心菜"。他把这种球形的菜想象成地球，把包裹在外面的叶片上的棱或者筋想象成这地球上的本初子午线——他从本初子午线开始切割，沿着东经到西经切割着地球。

顾城在他那首类似童话故事的长诗《布林》里，把这种菜称为"洋白菜"。他写道："所有交售悲哀的人／都必须像洋白菜那么团结。"是的，这种菜上的那些叶片们多么团结，它们一层包着一层，一层又一层，层层递进，紧紧地包裹在一起，攒成了一个大拳头，好像在它们的最里面藏着一个严守的秘密或者谜底。也许"守口如瓶"这个词也可以说成"守口如卷心菜"吧，"众志成城"这个词还可以说成是"众志成圆白菜"吧？

我曾经写过一首献给新生儿的诗，说全家人要像卷心菜那样把那个小女孩儿一层层地给包裹起来。当然，那种包裹是宠爱，而且无以复加。

卷心菜或者说圆白菜，它的保守主义是倔强的，是可爱的。在一个植物竞相盛开的季节里，它却严密地裹紧了自己。它只为自己的心而存在着，它觉得在这个世界上心才是最重要的，其余的都不重要。它做出的独特的姿态可以理解成为了不受伤害，抵挡外界的尘土和压力；同时也未尝不可以理解成一种拒绝姿态——它不喜欢外面的喧闹，不喜欢外面的先锋们和后现代们。一条青虫一定愿意选择一颗卷心菜来做它安居乐业的小屋，在里面好好睡觉——钻到哪一种菜里都不如钻到卷心菜里去更有安全感。这世界上或许还有一种卷心菜般的老式爱情吧。如果有一个人能够像卷心菜那样把另外一个人牢牢地握在手心里，对方又很情愿如此，那就算彼此都遇到幸福了，寻找爱情就成了寻找那颗可以包裹自己的卷心菜。卷心菜的模样看上去毫无疑问是最有责任感的了。

圆白菜起源于地中海和北海沿岸，早在四五千年前古希腊、古罗马人就开始种植了，后来从欧洲传遍全球。这种菜很容易种植，可以大面积生长，耐高温也耐寒，对各种土壤的适应性也很强。圆白菜中含有大量维生素和抗氧化抗癌物质，能促消化，还具有促进肝脏解毒、排毒的功效。

在日本料理中，圆白菜常常作为必备的配菜存在，属于前菜中的小菜，一般切成片或丝，用盐、糖、醋、蚝油拌着吃，或者什么调料也不放就直接生吃，味道甜脆。生吃圆白菜既可以保持其营养，又可以降低热量，还能用来解腻。在餐桌上，圆白菜看似微不足道，实则必不可少。它几乎可以搭配所有的主菜、主食和酒类——圆白菜就是这么"百搭"。谷川俊太郎在《圆白菜的疲劳》这首诗中所写的"今晚，蘸着岩盐／吃生的圆白菜"，就是一种很地道的日本吃法。

四

还是回到这首诗的文本上来。

当然，大部分学生的赏析还是靠谱的，是从诗歌文本出发来评析这首诗的，甚至有几个学生还赏析得相当到位和透彻。遇上这样的试卷，我握着鼠标的手也是快乐的。有好几位同学的答卷，我几乎要给他们满分。

比如，有一位同学在通篇赏析之中都抓着一个核心关键词——"闲趣"，认为现代人焦虑的根源就在于缺乏闲趣，而《圆白菜的疲劳》这首诗则恰恰得之于闲趣。

这位同学一下子就击中了这首诗产生的根源，很好。

那么，接下来，我要替这位同学继续向自己同时也向读者提问：怎样才能产生这样的闲趣呢？

这个问题也可以换成：诗人谷川俊太郎究竟是怎样为圆白菜写出这样一首诗来的呢？最靠谱的回答应该是：他"闲的"。

毫无疑问，首先必须得让自己"闲"，然后才能得"趣"。也就是说，要先成为一个林语堂所说的那样"伟大的悠闲者"。德国哲学家尤瑟夫·皮珀写过一本书《闲暇：文化的基础》，并没有人向我推荐这本书，而单单是书名就把我吸引得不能自拔。无奈发现它在各大网站上早就缺货或售罄了，于是只好搜来一本英文版，花高价买下。上面还有诗人 T.S. 艾略特早年专门为此书在英国费伯-费伯出版社出版时写的一篇序言。又过了好几年，我才在孔夫子旧书网上淘到这本书的汉译版二手书，天哪，译文竟让我这个以汉语为母语、以汉语为饭碗、连说梦话都用汉语的人读不懂，可见译者的本领实在够"大"。我只好以英语"二把刀"的身份再去读英文原版。此书提倡在日常生活中拥有闲暇，去体验生命中的真实时刻，才会有冥想这样的精神现象和灵魂状态，才会富有创造力，促进文化和文明的产生。据说英文单词 university（大学）来源于一个希腊语词根，原本有"闲暇"之意。GDP（国民生产总值）数据积累式的"工作至上"观念和行为并不能让人更富有创造力，甚至还可能导向相反的结果。只有在无功利的闲暇之中，人才能真正过上一种冥想生活，让心灵得到滋养，让精神得到自由和解放，才有可能感应真理，发现神奇，能够洞见并得到智慧。

陶渊明辞了官，回家当了一个闲人。他在闲居之中，喜欢闲逛，于是得了"采菊东篱下，悠然见南山"之趣，连种田都成了"闲种"，不讲收成，只求趣味，"种豆南山下，草盛豆苗稀"。李白呢，则坐在山里看鸟飞走，看云飘去，"相看两不厌，只有敬亭山"。他跟一座山对坐相视，怎么也看不够，于是二者之间生出了惺惺相惜的趣味。李白可真够闲啊，大把大把的时间不去上班打卡，养家糊口，只用来闲坐。他盯着一整座山发呆，其实跟盯着一颗圆白菜也差不多，只不过他盯的那个物体体积更大些而已。朱淑真不仅闲出了趣味，以至于都闲出愁来了。所谓闲愁，"午窗睡起莺声巧，何处唤春愁？绿杨影里，海棠枝畔，红杏梢头"。舒舒服服地睡了个午觉，醒来听见了窗外的鸟在叫，就成这样了。李清照则闲醉又闲卧，睡了一夜觉，早上懒洋洋地起了床，跟丫环闲聊，还很有闲心，找茬拌嘴："昨夜雨疏风骤，浓睡不消残酒。试问卷帘人，却道海棠依旧。知否？知否？应是绿肥红瘦。"

还有牛顿。因黑死病大流行，剑桥大学停课，他不得不躲回家乡荷尔泽普庄园，长达十八个月居家隔离，不必担心备课和上课的琐事。有一天他在自家庄园里闲逛，在一棵苹果树下，碰巧被从树枝上落下来的一个苹果砸了脑袋，于是伟大的万有引力定律被发现了。也是在不得不闲居荷尔泽普庄园期间，牛顿闲来无事给自己找了个消遣——经常关闭所有门窗，只在百叶窗上开个小孔——这个游戏竟让他发现了波长和光谱。还有阿基米德，在浴缸里洗澡时，注意力不集中在搓澡和打肥皂上，也不想着快快洗完澡去干正经事，而是闲得无聊，盯着那缸洗澡水发呆，竟然发现了浮力定律。

那天，如果谷川俊太郎得看着钟表，必须在十五分钟之内把晚饭吃完，吃完晚饭还要赶紧去开一个重要会议，或者坐到书桌前赶写稿子，或者赶着去飞机场或高铁站，那么他就只能为解决温饱而狼吞虎咽，即使蘸着岩盐吃圆白菜、喝葡萄酒，也只是把食物倒进肚子里。

他不可能长久地盯着一颗圆白菜去揣摩和研究，也就创作不出《圆白菜的疲劳》这首诗来。

诗人谷川俊太郎确实闲得可以，甚至闲极无聊，闲得有些发慌，才不为了吃饭而吃饭，所以会走神，盯着一颗圆白菜长久地发起呆来，以至于看得魂魄出窍，看出那么多的门道来。诗人通过观察发现，圆白菜原本卷起来的叶子现在散开来了。他猜想圆白菜可能疲劳了，并且给自己提出一个又一个匪夷所思的问题，以追究圆白菜的前世今生。吃饭在一般人观念里原本是一件目的性很强的事情，诗人却从那目的性上迂回着绕行了，偏离了主题，与圆白菜进行了一场神秘的交流。于是，诗人从这因闲暇而生出的与目的性疏离的走神状态之中收获了乐趣，并使之演变成了一件具有人性意义的工作。

由此可见，得到闲趣，并不需要多么大富大贵的物质条件，却绝对需要做一个善于优游岁月的人，做有着高级心灵甚至自负心情的人。要晓得那些没有用到仕途经济上去的时光、那些看上去像是被浪费了的时光，才有可能真正算得上好时光。时间因不被占用而显出高贵，时光因虚度反而具有了审美价值。这就是为什么当代诗人李元胜干脆直接写了一首叫《我想和你虚度时光》的诗："我想和你虚度时光，比如低头看鱼 / 比如把茶杯留在桌子上，离开 / 浪费它们好看的阴影 / 我还想连落日一起浪费，比如散步 / 一直消磨到星光满天 / 我还要浪费风

起的时候 / 坐在走廊发呆，直到你眼中乌云 / 全部被吹到窗外……"

虚度时光，当然可以跟恋人一起虚度，但也不排除跟一颗圆白菜一起虚度，也许跟一颗圆白菜一起虚度，才更超凡脱俗。

肯虚度，还是不肯虚度，这是一个问题。或者说，有闲趣，还是没有闲趣，这是一个问题。在《圆白菜的疲劳》里，这个问题则显得更加严重了，已经被当成划分"诗人"与"普通人"甚至"诗人"与"庸人"的界限了。虚度产生闲趣，闲趣又会使我们能够以最大限度的感性去平等看待宇宙间跟我们共同呼吸着同样空气的一切事物，尤其对所有生命都怀有同情心和同理心，这其实正是诗人和非诗人的区别。

只有诗人才会去关心一颗圆白菜的喜怒哀乐，并对圆白菜赋予人格：一上来就说"圆白菜累了"，接下来又追问为什么累，从什么时候开始累的。这两个大问题又似乎分成了四个小问题：圆白菜疲劳的原因在土里吗？圆白菜疲劳的原因在空中吗？圆白菜以前就累了吗？圆白菜是进入19世纪以后才开始累的吗？但是，对于这一系列问题，诗人没有直接回答。为什么不回答呢？因为像这样的问题，除了诗人谁还会关心呢？紧接着下面一句"关心的人很少"，等于把上述问题用不回答的方式回答了，也就是说回答的必要性并不大。既然没人去关心这些问题，给出答案也没有谁会听，诗人也就只是在问自己而已。这一句"关心的人很少"呼应第一段中对于圆白菜累了这件事，"餐桌却视而不见"，看来餐桌的立场是站在不关心圆白菜的大多数人那一边去了。这两句合在一起，是在替圆白菜诉委屈，鸣不平。这一句"关心的人很少"，也把诗人从一般群众里独立或者孤立出来了——关心圆白菜的人是少数人，诗人谷川俊太郎就是这样关心圆白菜的少数人之一。诗人觉得只为圆白菜诉委屈、鸣不平是不够的，后面紧接着又来了一句语气更直接的"藐视地里的圆白菜是一群愚人"，这是一句略微带了怒气的断语，语气里含有抗议。这一句诗彻底地将诗人跟那些不重视像圆白菜这等生命的人划清了界线，泾渭分明，形成对立阵营。但是作者的愤愤不平之气刚刚表达出来便戛然而止了，他并未大发议论乘胜追击，而是仍从整体上维持住了全诗温柔、敦厚的基本语调。

因闲而趣。这种趣，不同于从各种娱乐节目的刺激中引发出来的乐趣，甚至也与力图彰显格调的雅趣不尽相同。闲趣是最没有功利的，也是最纯粹的真正的趣味，是趣味的最高境界。在这首诗里，诗人无聊到呆看一颗圆白菜。诗人就在这样的独处之中，在衣食住行的零碎的间隙里，在庸常日子的恍惚和白日梦里，从脑子里凭空产生出来这样的趣味，同时也是这首诗的趣味。

那本《闲暇：文化的基础》提醒人们，应该重拾那些古老的真理："你们要休息，要知道我是神。"人不应该让人为的努力过分干预上苍的作为，同时人要善于从兴趣出发而且无目的地去行事，从眼前的直觉中获得灵感，让思维进入无边无际的漫游状态，得以与宇宙间的至高力量相联结，从而获得顿悟和启示。也就是说，从这样的闲暇和闲趣之中还很可能产生出哲学思考来，那就是在闲暇、闲趣之外更高级的收获了。说到底，从大概率上来讲，往往正是从这样的闲暇、闲趣之中才最有可能产生出具有原创意义的思想，产生出真正的形而上的思考来。

五

那么，具体到《圆白菜的疲劳》这首诗，在闲趣之中格物致知，甚至或许还引发出来了形而上的思考，这渗透在字里行间的不经意的思考又是什么呢？

根据"但餐桌却视而不见""关心的人很少""藐视地里的圆白菜是一群愚人"这些句子，并联系全诗的语调看，其中似乎隐含着要按照对待圆白菜的态度来把世界上的人重新分类的意味。看来人类其实可以分成三类：第一类，关心圆白菜的人，这是以诗人谷川俊太郎为代表的少数人，很可能就是诗人群体；第二类，不关心圆白菜的人，对圆白菜比较淡漠，可能意识不到圆白菜也需要关心吧，这是非诗人，是一般群众，应该是社会化比较强的人；第三类，不仅不关心圆白菜反而还藐视圆白菜的人，诗人干脆将这样的人定义为"愚人"。这里诗人当然不是想要对应社会现状来刻意划分阶级，他的初衷很可能只是要表达一下自己的趣味思想罢了。如果一定要将这三类人按照隐藏在这首诗深处的应有之义，并且离开圆白菜向着更远处去理解的话，那么，这三种人似乎可以分别代表三种人格：审美人格、实用人格、市侩人格。

全诗的第一句"圆白菜应该累了"，是推想，是猜测，语气有天真可爱之感。全诗的最后一句是"圆白菜果然累了"，是判断、肯定和证实，是下结论，像是一声叹息，又夹杂着一丝猜想被证实之后的笃定和得意。这两句之中的副词分别是"应该"和"果然"，从语气上与诗的首尾遥相呼应。中间部分是在吃晚餐的过程和具体场景之中，提出问题，并且进行观察和探究。相对于全诗的首句和末句，这中间的部分仿佛是一个过渡——先写到餐桌，又写到土里，又写至空中，又写到19世纪，再写到人，最后又回到餐桌，呈现出跳跃之势。这个中间部分不是靠直观上的联系而是靠着逻辑上的联系来构成的。

而餐桌，是以转折和否定的方式出场的。对于"圆白菜的累"，马上紧跟了"但餐桌却视而不见"之语。餐桌在诗中是继一号主人公圆白菜之后的二号主人公。餐桌上有什么？诗人写出来的有岩盐和葡萄酒。岩盐自然是调味料，圆白菜则是此时喝葡萄酒的下酒菜之一，是下酒菜中最廉价、最常见也最不可或缺的。圆白菜很可能是作为像烤鳗鱼、鳕鱼籽、三文鱼刺身、红烧牛排、乌冬面这样的主菜的配菜而出现的。并不是每一道了不起的主菜都得出现在每餐饭的菜谱里，但在每餐饭中非出现不可的角色也许只有圆白菜。除了诗中已经写出来的这些餐桌上的东西，肯定还有并未被写出来的盘碟、筷子、刀叉之类。对于圆白菜来说，这样一个餐桌与其说像一个社会，倒不如说有着沙场的意味。圆白菜在这个沙场上只是扮演了一个小角色，像是一个报信的或吹号的后勤小兵，它注定了失败的命运，而且失败后还很难被当成战死沙场的英雄来对待，只能算是一个死在沙场上的无名者。圆白菜相对于餐桌，真可谓"人为刀俎，我为鱼肉"，圆白菜无法掌握自己的命运。

相对于第一节、第二节和第四节直接写圆白菜，第三节则是写了人，写了晚餐场景，当然圆白菜也涉及其中。"今晚，蘸着岩盐／吃生的圆白菜／打开别人送的葡萄酒／斜眼看着电视连续剧"，这里对在场人物的交代不是很清楚——诗人可能故意不交代清楚。也许只有诗人一个人独自吃饭，也可能还有其他人作陪一起吃饭。这一节的画面感很强，动词用得也颇多："蘸""吃""打开""斜眼""看"，这些动作都来自人类，这是在强调吃晚饭的详细过程，这些动词使得画面变得很生动。

这一段中的"别人"和"斜眼"二字特别容易引起关注。为什么要强调葡萄酒是别人送的?也许诗人只是在写实,即在这首诗中写到的这瓶葡萄酒确实是别人送的。还有一种可能,此处强调"别人",说的是葡萄酒的来历,显示了社交的存在,或许还隐隐表示这酒的档次和品味,或许还想让人联想到它是舶来品……总之是一种向着社会方向的延伸。而"斜眼"看电视连续剧,可能显示出了晚饭作为工作一天之后的休息时间是散淡和惬意的,看电视只是吃晚饭的一个附加行为,当然不必正襟危坐。还有另外一种可能——捎带着表现出了诗人对于电视连续剧这种流行快餐文化甚至泡沫文化制品的态度。鄙夷倒还不至于吧,至少是漫不经心的。看电视连续剧从来不需要精神太过投入,看着玩呗。

在这一段中,"圆白菜"这样一个物种,跟"葡萄酒"和"电视连续剧"放在一起,竟似乎隐含着某种微妙的对立关系。从来源上说,这些事物隶属于完全不同的物质范畴。

葡萄酒、电视机和电视连续剧大致都属于现代生活中的常见之物,甚至是具有符号性和标志性的事物,与轻工业、机械制造业和娱乐业有关,都属于人类加工制品和产品。虽然这些事物已经变得与现代人的生活密不可分,但是如果它们突然消失了,即使不喝葡萄酒,不看电视连续剧,人类也是照样可以生活下去的。而相比之下，圆白菜就不一样了。圆白菜的时代属性并不明显，它属于任何时代，也不属于任何时代。它没有经历过手工业或者人的机械制造的阶段，没有明显的从无到有的产生和发展过程，更没有升级换代的过程。它可以是野生的，也可以是由人类种植出来的。即使是由人类培育种植出来的圆白菜，也要依靠天地的孕育，靠土壤和阳光雨露来生长，依然不属于人类加工制品和人类产品。

《创世记》里记载了神在第三天创造植物："'于是地要发生了青草和结种子的菜蔬，并结果子的树木，各从其类，果子都包着核。'事就这样成了。"没错，创世时，"圆白菜"就有了，它纯然是原生态的亘古不变之物。人类离不开圆白菜或者类似圆白菜这样的事物，它们属于人类生活的基本保障。"我是阿拉法，我是俄梅戛；我是首先的，我是末后的；我是初，我是终。"是的，既然有人能从一粒沙里看到世界，从一朵花里看到天国，那么同理，通过一颗圆白菜也可以把握宇宙。

没错，圆白菜是上帝的直接造物，是上帝的原创之作，是从《创世记》就有的本原之物、纯粹之物，它是初心。

葡萄酒、电视机和电视连续剧则是上帝的造物又通过自己的手制造出来的派生物和衍生物，相当于对上帝原创之作进行阐释、延伸和再创造。

与葡萄酒、电视机和电视连续剧相比，圆白菜属于人类生存所需要的基础事物，是那种对人类虽然很重要却太过常见、太过习惯、太过便宜的事物，是那种容易被忽略而只有等到失去之后才会让人们去寻找的事物。绝大多数现代人已经被像别人送的葡萄酒和电视连续剧这样看上去更复杂、更时髦并且带着人工因素更接近社会层面的事物所吸引和蒙蔽了，所以，即使"圆白菜应该累了""圆白菜果然累了"，大家也依然视而不见。圆白菜累或者不累，都不会吸引绝大多数人的注意力。也就是说，现代人对于本质本原之物，已经不再关心了。现代人的焦虑、异化和创造力减弱，不仅跟缺少了闲趣有关，还跟减少了对于世界的本质和本原的关注有关，不再探究"我是谁""我从哪里来""我要到哪里去"，而是过分专注于那些派生物和衍生物及平均主义的人工制品。

　　然而，诗人毕竟是诗人，在任何时代里都属于少数的例外者。在提出圆白菜为什么累、从何时开始累的问题并且指责了藐视圆白菜的人之后，本来已经坐在餐桌旁开始好好吃饭的诗人，又敏感起来了——还是不踏实，终究还是对那颗圆白菜放心不下，忍不住又把目光转了过去，去看那颗圆白菜。"可我总很在意它的形状"，是的，再细小的"在意"也是值得的，对于圆白菜也是一种安慰，虽然圆白菜"什么怨言也不说"，但是诗人要替它说，要做它在这世间的代言人。这次诗人终于通过它那松开的叶子散乱着的模样，验证了自己的猜想，圆白菜找到了知音。

　　这顿晚餐，虽然也喝葡萄酒，也看电视连续剧，但是诗人的注意力和兴奋点其实一直都在那颗圆白菜身上。就像有强迫症一样，他没法不去看那颗圆白菜，没法不去想那颗圆白菜。这样专注于圆白菜的结果，也许也是看电视连续剧时要"斜眼"的原因之一。同时诗人依靠着发散式思维，以诗人之心度圆白菜之腹，在自己心里小声嘀咕：圆白菜可能累了吧。

　　人类可以追求像别人送的葡萄酒那样的物质富足，人类可以追求像电视连续剧那样的精神娱乐，但是，同时也不应该忘记那最原始最古老之物、最质朴最简单之物，比如那看似微不足道的圆白菜。那最初的圆白菜，当然也是最后的圆白菜。现代人要想摆脱喧嚣之中的萎靡，找到连接大地的存在之根及仰望天空的立足点，就得先分清楚这世间什么是本，什么是末，恐怕就要返回"圆白菜"上去，圆白菜才是生活的本质和世界的本质。

　　集中在这样一个焦点上，诗中的圆白菜很容易成为一个文化载体，那么圆白菜象征了什么，或者说圆白菜可以象征什么？

　　圆白菜或许可以令人怀想起那曾经干净而简单的生活，人类在现代化进程中早已忽略的烟火气息和泥土气息。那么，圆白菜就代表了一种老去的旧时光，代表了那种贴近大地的生活方式，那种生活方式更接近人类生存的本相，安静、祥和、缓慢、悠长。

人类要想摆脱现代生存方式中因刺激欲望而带来的纷乱，要想摆脱现代模板时代的单调和重复造成的身心疲劳，就得重新找回生命的个性和质感，而找回这种生命个性和生命质感的最佳方式就是去亲近自然。大自然可以激活我们在现代物质世界中日趋麻木和懒惰的神经……那么怎样去亲近自然呢？葡萄酒和电视连续剧都不能让我们亲近自然。要亲近自然，那就先从关心一颗圆白菜开始吧。

圆白菜可以拯救人类。

海子在自杀前写下过去对于幸福生活的向往，这向往只存在于诗中，最终也没能挽救他。他在绝望中曾经咬牙切齿地表决心："从明天起，做一个幸福的人／喂马、劈柴，周游世界／从明天起，关心粮食和蔬菜／我有一所房子，面朝大海，春暖花开……"注意，其中特别提到了"关心粮食和蔬菜"之句。如果海子真的能做到关心粮食和蔬菜，他便不会去卧轨了。他写下的是自己想做而做不到的事情，他写下的是"从明天起"的关于未来的规划，但这个明天还没有到来，他就放弃了生命。看来"关心粮食和蔬菜"，应该从今天起，从现在起，从即刻起。

套用海子的另外一句诗来形容晚餐时盯着圆白菜发呆的诗人谷川俊太郎及少数人，就是"今夜我不关心人类，我只想圆白菜"。

六

除了或许指代着世界的本原和本质，诗中这颗圆白菜一定还有其他方向的指涉。

"疲劳的原因在土里 / 还是在空中呢 / 从以前就累了吗？ / 或是进入十九世纪以后呢"，这几个句子颇值得琢磨，但又要避免过度解读。

从这样的发问里可以看出，圆白菜的疲劳和累，并不是来自圆白菜自身，而是来自外界。这个外界或许是"土里"或许是"空中"。另外，圆白菜的疲劳和累，也并不是始终如一的，而是有一个变化的转折点和大致开始的时间节点，或者是"从前"，或者是"进入十九世纪以后"。从这些句子还可以推想，在变得疲劳和累之前，圆白菜一定还有一段快乐、舒适的好光景，那时世界秩序是最初的秩序，还不像后来那样混乱，更不像现在这样荒谬，那时的世界基本上是静谧的，是安详的，是各从其类的。圆白菜在那样的和谐秩序里，只需要安安静静地做自己就好，它只需要具有"圆白菜性"，而不需要跟世界上其他事物去竞赛，企图拥有本性之外的其他属性即"非圆白菜性"。如果圆白菜除了做圆白菜，还被要求同时做圆白菜之外的其他事物并拥有其他功能，那就是异化和侵犯。圆白菜无法既做圆白菜又做圆白菜之外的事物，就只好日日在这"非圆白菜"的环境里受逼迫、受冷落，久而久之，它怎么能不感到疲劳，感到累？

于是，谷川俊太郎诗中的这颗圆白菜便有了一种荒诞的孤独气质。

虽然没有怨言，但是万一有那么一天，这疲劳和累突破了圆白菜所能承受的极限，使圆白菜垮掉了，圆白菜忽然决定甩手不干了呢？人类失去了圆白菜，会不会追悔莫及？

在询问和追究圆白菜疲劳的原因时，诗人实际上把这颗圆白菜放置在一个远远大于今晚晚餐和餐桌的范畴里进行考察了。"土里"和"空中"，形成了一个空间坐标，可以看成横坐标；而"以前"和"进入十九世纪以后"则形成了一个时间坐标，可以看成纵坐标……于是小小的圆白菜被放进了一个无限大的坐标系之中。这个坐标系有多大呢？跟宇宙同大。被称为"宇宙诗人"的谷川俊太郎不仅写过《天空》《二十亿光年的孤独》这种直接涉及宇宙的诗篇，就连写日常生活时，也喜欢把观察对象放置在整个宇宙之中来进行考量，其实宇宙是他看待事物的视点。

如果疲劳的原因在"土里"，那该是什么情况？小小圆圆的种子撒在土里，日日夜夜从土里吸取养分，萌芽生长，直到结出怀抱着的球茎来，成长过程应该不至于让圆白菜感到累吧。那么，它是在人类为催促它快速生长而施用化肥的时候或是为了让它长得更硕大而施用催熟剂的时候，感到累了吗？或者是在被喷洒不断更新的杀虫剂的时候，感到了疲劳？还有，土壤一年年被各种新型农药浸润和渗透，是不是已经酸碱度失调或者重金属含量超标，因而不再肥沃甚至板结？这一系列因素，也会让圆白菜在土里感到不够松软、透气，于是就累了吧？最后，大面积种植的圆白菜成熟了，到了收获季节，人们早就不用手工去采摘它们了，而是有了一种大型的圆白菜专用全自动收割机，一小时可以收割三十亩。驾驶着那台机器从田垄上行驶过去，所经之处，圆白菜的球就自动地从外面那几层托举并围裹着大叶片的褓裸中分离了，自动地滚进了收割机的内仓，被一颗颗地迅速收起并堆积起来。就这样，圆白菜在收获季节无法像从前那样感受到被采摘时人类双手的抚摸了。那一双双手的温度里原来是带着丰收的喜悦的。没错，圆白菜从前是跟人类最原始的体力劳动相连接的，而如今的圆白菜已经完全进入了机器流水线的程序化作业……这也是圆白菜从土里就已经感受到了疲劳的一个原因吧？

如果疲劳的原因在"空中"，那又该是什么情况？是工业导致的空气污染影响了圆白菜吗？比如，雾霾使得日照不够充分，光合作用受损，导致圆白菜发育不全；酸雨则使得它的叶子上出现了黄白斑或霉斑点甚至褪绿现象，叶绿素含量进一步降低。这里的"空中"也可以指离开土地之后圆白菜的命运吧。圆白菜被收割之后，离开了养育自己的大地，乘坐卡车、轮船甚至飞机被运往各地，进入集散批发环节，摆放在农贸市场和超市，贴上标签，标上价格。圆白菜的图像经常出现在电视和网络中，以及量贩式大超市的推销广告、优惠券等彩色印刷品上，当然它们更会被放在各种容器和包装袋里，运至酒店或者人类的家中，被拎至各种各样的厨房，存放到冰箱里，挪至砧板上，最终进入盘碟，端上餐桌。经过这样的"空中"流程，圆白菜累了吧？

这个"空中"是否包括太空？应该包括。在科幻电影里，发生过在宇宙其他星球上种植蔬菜的故事。美国电影《火星救援》中，一个宇航员被抛弃在火星上，孤立无援的他凭借当年在大学里所学习的各种理论知识在火星上试验种植土豆，并靠吃土豆活了一年多。电影之所以选择种植土豆而不是其他，主要跟西方人的饮食习惯有关，其实也完全可以让主人公在火星上种植圆白菜。科幻电影里的故事，并没有在现实中发生过，大概目前还只是在理论上大致成立，说服力不够大。可是，你总听说过"太空育种"吧，这早已成为现实了。科学家将蔬菜种子放到宇宙飞船里带入太空，使种子内部的遗传物质在失重状态下发生变化，再将其带回地面，经多年培育，可获得更加优良的新品种。那么，如此离开地球去"空中"大幅度地折腾，圆白菜能不累吗？

"以前"是什么时候呢？总之是很久以前。那么，具体是在什么时候呢？考虑到后面的"进入十九世纪以后"之语，那么这里出现的这两个时间概念就形成了对比，可以把"以前"理解成"进入十九世纪以前"吧。这两个时间概念放在一起，在这里似乎是要强调后面的"十九世纪"，"十九世纪"成了一个分界线。不管作者是无意还是有心，"十九世纪"这个概念出现在这首诗中确实有些扎眼，让人无法忽略。十九世纪发生了什么？十九世纪人类社会已经进入工业革命的后期。十九世纪上半叶机器制造业的机械化已经实现了；十九世纪下半叶，电气化开始应用，发展起汽车工业和化学工业。在这样的背景下，"圆白菜"及像圆白菜一样的事物只能渐渐退居人类历史的后台，并且产生出力不从心之感。

如今几乎无人关心圆白菜了，甚至有人藐视圆白菜。

圆白菜在当今的状态和处境，是不是也可以指代当下现代化社会里芸芸众生的状态和处境呢？

工厂车间里有那么多的"圆白菜"，写字楼里有那么多的"圆白菜"，学校里有那么多的"圆白菜"，机关里有那么多的"圆白菜"……大家眼睛里只注意到了这些"圆白菜"制造出来的统一规格的产品、考出来的分数、写出来的味同嚼蜡的论文、炮制出的堆积如山的公文和表格，而没有注意到这些"圆白菜"已经疲劳了，已经累了。

现代人类，也像圆白菜那样，由于"土里"的原因，由于"空中"的原因，由于"十九世纪"这个分界线的原因，感到了疲劳。现代科技改变了生产方式，提高了生产效率，使生产力获得了解放，本应由此获得更多的闲暇和闲趣，然而结果却适得其反，实际上人类更忙碌了。在流水线上，在机器上，在教室里，在实验室里，在水泥楼里，在格子间里，为了人类那填不满的欲望而无休无止地运转着。工作至上，为了赢得闲暇，工作却在高速运转中失掉了目的，身心总是处于一种亚健康状态，感到不明原因的疲劳。谷川俊太郎在另外一首诗《小鸟在天空中消失的日子》里写过，人永远在无休止地铺路、建港口、修公园，结果是什么呢？"自己在人群中消失的日子／人彼此变得十分相似／自己在人群中消失的日子／人还在继续相信未来"，在机器控制世界的基础之上，网络数字化又控制了世界，请问，"人"在哪里呢？未来又在哪里？

在这首诗中，圆白菜原本紧绷的身体发生了改变，菜叶松散开来，像一个人累垮了一样瘫在那里，就像我们常说的"身体散了架"。也许这里确实是在用一颗圆白菜来指涉那交错披纷的劳烦人生吧。诗人作为一个现代人，他替那些在现代生活中找不到自我定位而只能被外界来定义的芸芸众生感知到了疲劳，又把这疲劳感投射到了一颗圆白菜身上。

七

读这首《圆白菜的疲劳》的时候，还可以再给自己提这样一个问题：人类对待动物甚至植物的态度，应该是怎样的呢？

在这首诗里，当然是自然中万物平等。诗人认为圆白菜也像人类一样有呼吸，有生命的个体感，所以才会疲劳。只是圆白菜不会说话，如果它会说话，就会说："我累了，我真的累了。"

诗人是世间最敏感的一个群体，是最具有共情能力的人。诗人不仅能与人类中的他者产生共情，其共情也可推至动物，甚至扩大到植物身上。除了诗人，世间有这种共情能力的，还有儿童。猜想圆白菜累了的诗人也是一个大儿童——诗人写此诗时已经年迈，却依然采取了类似孩子的视角来发问，采用了童稚的语气。越是儿童，越是社会化弱的人，才越容易把世间万物看作平等的，并不认为自己高出动植物一等。

在诗人眼中，圆白菜不仅是盘中餐，还是有血、有肉、有思想的"人"，所以它会"累"。这不禁使我想起了苏联人阿尔谢尼耶夫在那本地理考察报告《在乌苏里的莽林》中记录下来的赫哲族老猎人德尔苏·乌拉扎。德尔苏·乌拉扎不是一个社会人，而是一个完全的自然人。他虽然有着丰富的森林经验，在相关方面是个老手，但在社会意义层面依然是一个儿童。这个老猎人不仅能与动物和植物产生共情，甚至也将同情心、同理心推及没有生命的事物，这就令人惊奇了——只有儿童而且是低幼龄的儿童，才能发自内心地做到这一点。这位老猎人是一个万物有灵论者，他把大自然中的一切有生命的和没生命的统统称为"人"。他认为鱼会骂人，把茶壶里正在"呜呜"煮开、"吱吱"乱叫的水叫成"坏人"，认为鸟是"老实人"。他认为没能把木柴烧好的炉子也是"坏人"，所以对着炉子大发脾气，在他眼里树木当然也是这样那样的人。书中所写的那个时代的乌苏里的莽林，有着自然的原生态，而其中的老猎人德尔苏则有着人的原生态。

人文主义者是主张善待动物的，更有甚者，是主张人与动物地位同等的，而更有极端者，认为植物也有灵，并以科学实验来证明植物有神经系统，也有快乐和疼痛。在有些宗教信仰里，极端者吃全素，不吃动物，甚至吃植物也不可以全吃。比如严格遵守佛教教义的真信仰者就认为韭菜和姜都不属于素，而属于荤，也是不可以吃的。

在《圣经》里，上帝按照次序来造这个世界，先造天、地、海，然后再造其中万物。而万物之中，其实是有等级的：人、动物，然后是植物。而且《圣经》里有依据——除了某些个别禁忌之外，人是被允许吃动物的，动物是可以吃植物的。这是上帝创造的一个"律"。

康德的思想部分与基督教接近。他在谈到道德形而上学基础时，认为人的道德是直接对应于有理性的、有尊严的人的，人才是目的。动物没有理性而不可能成为目的，所以他反对将动物人格化。他提出过义务伦理说，认为人只对人负有直接义务，不对动物负有道德伦理上的直接义务。但他又提出，人对动物负有间接义务，而这间接义务又是根植于直接义务之中的——人有义务不虐待动物，不做那种原本可以不做的试验让动物过于痛苦，有义务不过度奴役动物。这些只是因为如果人不善待动物而只是以动物为手段，那么这种行为与情感在形成之后便可能在下一步演变成对待人自身的方式，进而将人也视为手段——这样就将人对人的直接义务破坏了。在康德那里，从"种"的角度，人还是比动物要重要。当然，接下来我们可以继续联想：如果说动物比植物更重要，那么人类距离植物又更加遥远了一些，因此，至于对植物的义务伦理什么的，则连考虑的必要都没有了。

康德的这些观点当然很好。但是，诗人才不理会这一套，诗人不讲那么多的理性和逻辑。诗人就是要让世间万物与人类平起平坐，即使偶尔举过自己的头顶也在所不惜，其中当然也会包括一颗圆白菜。诗人一上来就用一句"圆白菜应该累了"将植物人格化了，反对将动物人格化的康德，是奈何不了连植物也要人格化的诗人的。是的，诗人不仅愿意对一颗圆白菜实行人文关怀，甚至愿意对一颗圆白菜负有道德伦理上的直接义务。在这方面，诗人坚持无厘头，也无可指责，诗人拥有比哲学家更大的"特权"。

提及康德，其实还可以借用康德的另外一个观点来考察这首《圆白菜的疲劳》，这个观点来自《实践理性批判》，大致意思可以表达成：德福配位方为至善。

康德认为"至善"必须符合两个条件。"至善"的第一个条件是"德性"，即以逻辑为前提的道义。进一步解释为，真正的道德，只能是普遍、必然性的道德行为，只能是出于对法则的尊重和遵循。而这样的法则从何而来？只有在人类靠着自由意志去相信灵魂不死和上帝存在这样一个前提之下，才能推导出这样的普遍法则，进而认定宇宙间有两样东西最宝贵——"头顶的星空和心中的道德律"。"至善"的第二个条件是"幸福"，就是以经验为哲学前提的感性的幸福。追求幸福是人的间接义务，是实施道德行为的外在条件。德行与幸福，只有这两样相配在一起，方为至善。只有与德行相配的幸福才是有价值的，有德行的人才配享有幸福。同时，如果有了德行，却由于各种各样的原因而没有获得幸福，这也是一种缺憾，也称不上至善。

这首诗中的"葡萄酒""电视连续剧"都是消费品和娱乐品，在诗中所处的位置和扮演的角色，更符合古希腊哲学家伊壁鸠鲁的快乐主义伦理学中所赞同的范式。快乐即道德，幸福即道德。在康德看来，这种只考虑个人偏好而不顾及普通法则的快乐和幸福，并不是真正的善，不符合"至善"的观念。

圆白菜的情形则相反。圆白菜吸取天地精华，长成上帝让它长成的苗壮的模样。几千年来，它一直都是人类必不可少的维持生存的食物之一，紧致圆实、绿意葱茏、润泽如玉、脆甜爽口，而且对生长条件几乎无所要求，只要给点儿土壤、给点儿阳光、给点儿水分，就无怨无悔地生长。它是主菜也是配菜，几乎任何吃法都是可以的；在任何年代，它都是不可或缺的。即使受了委屈，也不发怨言。这永远的圆白菜，简直是一种美德型蔬菜。然而，在世事变迁之中，圆白菜得到的关心越来越少了，甚至还受到了藐视——在那它必须签到的餐桌上，它的美好的德行在被继续利用的同时，它自己却沦为了边缘之物、局外之物、多余之物、零余之物……于是圆白菜感到疲劳了，圆白菜累了，圆白菜没有获得与它的德行相匹配的幸福，所以，圆白菜也没有达到"至善"。

八

谷川俊太郎《圆白菜的疲劳》这首诗还让我联想到两幅画，一幅是梵·高的《吃土豆的人》，另一幅是塞尚的《苹果篮子》。

梵·高画《吃土豆的人》时，在画布上涂抹了跟沾泥土的带皮土豆一样的颜色——褐灰色之中略微泛着青，那是贫穷的颜色。一户农家男女老幼五口人在低矮的屋顶下围坐在小小的方桌前吃晚餐，食物只有一种：土豆，配着咖啡。圆滚滚的土豆放在一个大盘子里，拿在曾经挖掘过泥土的粗粝的手中。这些从土里刨食的人，一盘土豆把他们紧紧团结在了一起。煤气灯的微弱光芒照亮了屋子，照亮了他们的脸，这是自上而来的光，光里有慈爱。在这光里，他们沉默而认真，眼神里含着渴望，仿佛刚刚领了圣餐，正要吃饼喝杯（基督徒参加圣餐礼的另一种说法）。整幅画线条粗犷，气氛凝重，略显压抑，却有热气腾腾之感，充满了大地般的力量。

关键是，在这幅画中，土豆被如此隆重地对待！土豆被当成真正的土豆；这画中吃土豆的人的模样，也都像一个个土豆！土豆或者吃土豆的人，全都质朴、本色、虔诚、谦卑，同时遒劲又有尊严。土豆与吃土豆的人，相依为命，相濡以沫。我想画中那个时代正好是土豆的好时代，也应该是圆白菜的好时代吧。那时候的土豆是幸福的，不会感到疲惫，圆白菜应该也是。

谷川俊太郎这首《圆白菜的疲劳》里的圆白菜，它不就是想成为梵·高《吃土豆的人》这幅画里面类似土豆的样子吗？圆白菜并不在乎去往富贵之家还是贫穷之家，圆白菜只想被当成真正的圆白菜来对待。

塞尚最著名的静物画就是那幅《苹果篮子》。这幅静物图中有倾斜的木桌、歪了的篮子、滚出来的苹果、起皱褶的桌布，还有酒瓶子和糕点盘。画家把这些高低不平、参差不齐的物件——无论近景还是远景——统统拉到同一个平面上来，忽略物体质感和造型准确，而更关注各个物体之间的关系，着力表现它们彼此之间在不平衡之中的那种紧张感。画面从整体上来看，则始终处于一种永远的均衡之中。

《圆白菜的疲劳》这首诗其实也可以被画成一幅类似的静物画。诗人把圆白菜、葡萄酒、岩盐、电视机、餐桌、吃晚餐的人一起拉到了同一个平面上来。他并未精准地去刻画一颗圆白菜，从不打算用透视方法对这颗圆白菜进行写实性的描摹，并不想弄一颗惟妙惟肖的圆白菜摆放在诗中。于是，诗人省掉烦琐细节，使用了简化和概括的手法，只是以表现主义的态度突出了圆白菜的体积感和叶片散乱的情态。在这首诗中，诗人重点表达的是圆白菜与其他事物之间的关系，重点是圆白菜与餐桌、葡萄酒、电视连续剧、吃饭的人之间的关系。这在内容上当然是一种包含了某种冲突的复杂而微妙的关系，甚至还含有一定的紧张度；但在诗歌文本的形式上，诗中各类事物却又各归其位，相互之间富有张力，寻求到了彼此关系的奇妙和谐。诗人就是想从他个人的观点和角度出发，来表现这首诗的主体——圆白菜。

九

为什么诗人选择写一颗圆白菜，而不是其他蔬菜？当然，还可以反问，为什么就不能选择一颗圆白菜来写呢？

诗人到底是故意还是无意地选择了圆白菜呢？或者他压根儿就没有做过选择，只是实写而已？帕斯捷尔纳克曾在诗中写道："越是偶然，就越真实／并被痛哭着编成诗章。"但偶然之中也是有必然的吧，偶然对于艺术家来说，并不会完全是随意的——哪怕下意识地选择，也会有不易察觉的深层缘由。

这首《圆白菜的疲劳》涉及生吃圆白菜。其实西方人尤其是美国人生吃绝大多数蔬菜，可以生吃的就尽量生吃。日本料理中生吃的，比较常见的除了圆白菜，其实还有秋刀鱼。圆白菜可以上诗，秋刀鱼也上过诗，确实有一首日本诗叫《秋刀鱼之歌》，作者是佐藤春夫。开头一段是这样写的：

凄凄秋风啊

你若有情

请告诉他们

有一个男人在单独吃晚饭

秋刀鱼令他思茫然

…………

这首诗里隐藏着一个相当八卦的爱情故事，这个故事发生在诗人佐藤春夫、作家谷崎润一郎、谷崎润一郎的妻子千代，以及千代的妹妹三千代之间。总之，后来佐藤春夫失恋了，满怀相思，一个人坐在餐馆里吃晚餐，写下了这首《秋刀鱼之歌》。

试想一下，把诗中的"秋刀鱼"改换成其他食物，效果如何？换成其他鱼类，比如，巴鱼、鲶鱼、三文鱼、鲤鱼、石斑鱼、金枪鱼甚至大马哈鱼，行不行呢？好像都不太行，而且有的还能产生跟诗中主人公失恋心境完全相反的效果，不仅破坏了全诗的"凄凄""单独"和"思茫然"，甚至还会产生出荒诞的幽默感来。比如，改成"大马哈鱼"，可能会让中国读者想起"马大哈"什么的，有没心没肺之感，读着读着会笑的。当然，我无法确定日语里面"大马哈鱼"的写法和读音，仅凭汉语的字形和发音就让人觉得此词语跟失恋相去甚远。无论它在日语中如何写如何读，仅凭它属于凶猛的肉食性鱼类，光想一下它那裂口利齿的模样，就确乎令人觉得，它与一个忧郁的失恋男人的心境不相符。还有，换成烤乳猪、牛排、烧鸡、猪肘子、猪蹄、四喜丸子，行不行呢？好像也不行——实在违和，那样会让人感觉诗中主人公不但没有失恋，还会陡生滑稽之感，甚至想象他脑满肠肥，是一个肉体远远大于精神的油腻男——别说失恋，好像连谈恋爱都不配呢。

怪了，换成其他都不行，倘若换成其他，这首诗就砸了，就不存在了，也似乎只有"秋刀鱼"才最合适。这是为什么呢？

秋刀鱼，一般在秋天捕捞。它体型不大，约有人手伸开后一拃半的长度；形状细长精干，如一柄利刀，发着冷蓝的光。秋刀鱼的吃法一般是不去内脏，直接涂上盐，放到炭火上去烤，使其体内油脂渗出来浸入鱼肉中，同时内脏又影响鱼肉，佐以柠檬汁之类的配料来吃，于是整条秋刀鱼就会在浓郁的香气之中又略略散发出一丝清苦之味。秋刀鱼的模样和味道，都是萧瑟的、孤独的，如同秋天。诗中这个独自吃饭的失恋男人吃秋刀鱼再合适不过了，秋刀鱼的特点恰好也符合全诗的忧郁、苦涩基调。

2020 年春节刚过，新冠疫情还相当严酷，我的老师倪志云先生从四川美术学院给我发来一首他刚写的旧体诗《即景》：

> 斜阳晚照红梅花，
> 春到图书馆长家。
> 防疫闭门不得出，
> 凭窗注目忆年华。

倪老师当年在山东大学，先读历史系学考古专业，后到中文系教古典文学。我记得关于陶渊明的课就是他给我们讲的。再后来，他调往四川美术学院任教，研究美术考古去了，还当过一阵川美的图书馆馆长。他曾经是写新诗的，本科或研究生时期还上过大名鼎鼎的《飞天》

"大学生诗苑"，后来却只写旧体诗了。我对中国古文很是不通，中国传统文化要靠倪老师这样的人来继承了，千万不能指望我。幸好有过五四白话文运动，否则我都混不上饭吃。

我夸赞"春到图书馆长家"这句绝佳。倪老师马上供出此句与宋人王禹偁有关，并指出旧体诗是允许套用并改造的。王禹偁的《春居杂兴》如下：

> 两株桃杏映篱斜，
> 妆点商山副使家。
> 何事春风容不得，
> 和莺吹折数枝花。

两相对比一下，倪老师在这里也只是学习了一下以官职入诗而已。

"副使"应该相当于副县长吧。还好，放进这首诗中并没有违和感。但是，仍然觉得"春到图书馆长家"比"妆点商山副使家"要好很多，不知为什么，就是觉得"春到图书馆长家"读起来更舒服。

我忽然想到，如果倪老师没有当过四川美院的图书馆馆长，而是做了诸如总务处处长、教务处处长、党委书记，甚至大学校长，那就不好入诗了，这句诗真不知道如何写了。"春到党委书记家""春到总务处长家""春到教务处长家""春到大学校长家"，当然不是不行，而是全都怪怪的……再比如，"春到公安局长家""春到妇女主任家""春到外交部长家""春到文学院长家""春到电视台长家""春到作协主席家""春到报社总编家""春到财政厅长家""春到保卫处长家""春到卫生局长家""春到北京城管家""春到外科主任家""春到肉联厂长家""春到街道主任家""春天英国首相家"……怎么听上去全都那么别扭呢？似乎多多少少都有一些违和感，有的甚至严重违背意愿。在所有官职里面，如果想与"春天"一词相连接来使用的话，似乎唯有"图书馆长"可以入诗，至少可以说，似乎"图书馆长"入诗是最好的！

是我的感觉系统出问题了，还是先入为主的印象所致？只有"春到图书馆长家"最合适，此外，春天到谁家都有一丝不伦不类的感觉啊。这是为什么呢？作家博尔赫斯做过阿根廷国立图书馆馆长，他说："天堂应该是图书馆的模样。"春天有花香，图书馆有书香，图书馆馆长是所有官职里最具有人文精神同时又最神圣、最富有的一个官职。图书馆馆长与其说是一个官职，倒不如说是一个掌管天下经典文献的大祭司。春天来了，图书馆里尘封了一个冬天的书籍都将打开来，册页中的一行行文字全都蠢蠢欲动。

我把这些想法对倪老师说了。他开玩笑说自己混了个官名，倒还挺好使的，算是当了一个可以入诗的官儿，或者权当做这个官儿，就是为了入诗吧。

至于什么事物入诗，什么事物不入诗，其实也可以结合塞尚的一段话来思考："画家作画，至于它是一只苹果还是一张脸孔，对于画家那只是一种凭借，为的是线与色的演出，别无其他。"诗人写诗也是同样道理吧，所以，实际上，一切事物皆可入诗。对于屎尿屁入诗，在理论上，我也并不反对，所有事物不过都是一种凭借罢了。但是，按照塞尚的说法，这毕竟是一场演出。在美术是线与色的演出，在诗歌则是词语和音响的演出。在舞台上，每个意象放在哪个位置及彼此之间如何连接、如何搭配才算得当，这才是最重要的。一旦搭配不好、搭配不当或者连接方式不妥，就会出现问题，成为对于诗意的破坏。

当然，在谷川俊太郎这首诗里，圆白菜入诗，入得好。为什么是圆白菜而不是菠菜，不是鱼子酱呢？反正这里无论从内容还是形式上看，就是以圆白菜入诗才好，而且是一种既可意会又可言传的好。

十

《圆白菜的疲劳》这首诗，有一种复杂的纯粹之感。平铺直叙，口语化，朴拙。它是感性的，又略微带了那么一丝莫名的抽象意味，使抽象性与感性并存。

它的格调是慵懒的、懵懂的，还有些蠢萌。调子偶带落寞，但并不压抑，偶尔还透出一些明亮来。

　　以上就是我读这首诗的过程——把这颗圆白菜一层一层地剥开来看，由表及里深入它的菜心里去。这样的阅读方式，可能对不起这颗圆白菜吧。我自以为是的圆白菜式的阅读法，在圆白菜看来，说不定并不是它所认可的真正充满活力的圆白菜的阅读之法，而是"别人送的葡萄酒"和"电视连续剧式"的阅读法，是"进入十九世纪以后"的阅读法。我这样阅读这首诗，可能让圆白菜更觉得疲劳了吧？有劳圆白菜了，打扰圆白菜了。倘若我果真让你感到更加累了，那么，对不起，圆白菜。

　　读过这首诗，以后再吃圆白菜的时候，脑海里一定会闪现出诗中的句子。今后恐怕得小心翼翼地对待圆白菜了，不敢对它视而不见，更不敢藐视它，或许真的要抱抱它，亲亲它，在心里说一声："亲爱的圆白菜。"

　　诗人与圆白菜在一起。

　　　　　　　　　　　　　　　　　　　2021 年 2 月

全国总经销

捧 读 文 化
触及身心的阅读

出 品 人　张进步　　程　碧

责任编辑　　张　奇
特约编辑　　方黎明　巩亚男
封面设计　　陈旭麟 @AllenChan_cxl
内文设计　　杨瑞霖

出版投稿、合作交流，请发邮件至：innearth@foxmail.com
了解新书，图书邮购、团购、采购等，请联系发行电话：010-85805570